マリー・キュリー

執筆
　　フィリップ・スティール

翻訳
　　赤尾秀子

装丁
　　松吉太郎デザイン事務所

ビジュアル版　伝記シリーズ
マリー・キュリー

2008年11月20日　第1刷発行

発行者　工藤俊彰
発行所　ＢＬ出版株式会社
　　　　〒650-0015　神戸市中央区多聞通2-4-4
　　　　tel. 078-351-5351
　　　　http://www.blg.co.jp/blp

Japanese text © 2008 AKAO Hideko
NDC289 64p 26×19cm
Printed and bound in China　ISBN978-4-7764-0308-1 C8323

Marie Curie by Philip Steele
Edited and designed by Marshall Editions
Copyright © Marshall Editions 2006
All rights reserved.
The Japanese translation rights arranged with Marshall Editions
c/o Quarto Publishing through Janan UNI Agency, Inc. Tokyo

表　　紙◆マリー・キュリー
　　　　　Underwood & Underwood/Corbis
前ページ◆実験室のマリー・キュリー
右ページ◆結婚したばかりのマリーとピエール
　　　　　マリーのいとこから贈られた自転車で、新婚旅行に出かけるところ

マリー・キュリー

――科学の流れを変えた女性――

著=フィリップ・スティール　訳=赤尾秀子

BL出版

目 次

ワルシャワの少女

末っ子マーニャ	8
母と姉の死	12
当時のポーランド	14
勉強にはげむ	16

1

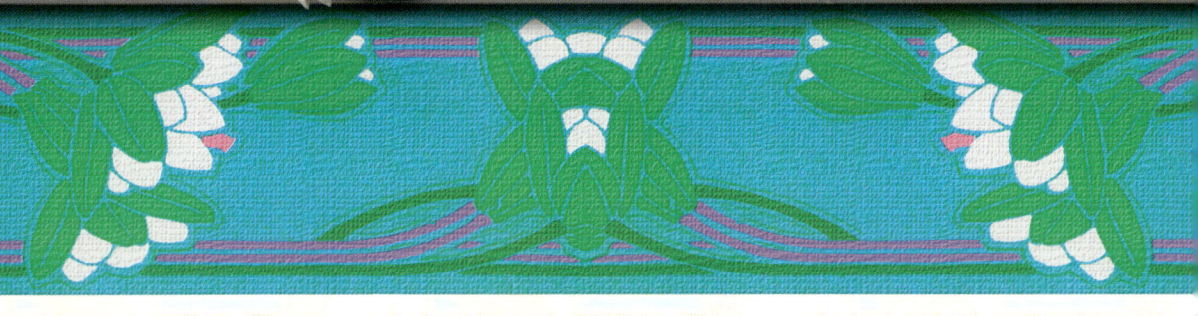

青春の日々

美しい16歳	22
家庭教師時代	24
マリアからマリーへ	28
未来のための科学	30
ソルボンヌ	32

2

天才の二人三脚

マリーとピエール	36
ポロニウムとラジウムの発見	40
放射能の謎を解く	44
栄光のあとの悲劇	46

最後の闘い

絶望の縁で	50
生か死か	52
戦争、そして永遠の眠り	54
マリーの夢	58
用語解説	60
参考文献／索引	62

ワルシャワの少女

8　ワルシャワの少女

末っ子マーニャ

　ポーランドの古都、ワルシャワ。その中心部を走るフレタ通りの16番地に、鉄のバルコニーがはりだした、こぎれいな建物がある。小さいながら評判のよい私立の女学校で、校長はブロニスワヴァ・スクウォドフスカという女性だった。この学校の卒業生でもある校長は、まだ若いとはいえ、周囲の人びとから敬われ、慕われていた。

　ブロニスワヴァと、夫のヴワディスワフ・スクウォドフスキは、学校とおなじ建物に住んでいたので、授業があるあいだは、女生徒たちのおしゃべりや笑い声がよく聞こえた。
　もちろん、校長夫妻の子どもたちもにぎやかだ。
　長女は1862年生まれのゾフィア（愛称ゾーシャ）で、ひとつ年下の長男はユゼフ（愛称ユージョ）。その下には女の子がふたりいて、ブロニスワヴァ（愛称ブローニャ、1865年生）とヘレナ（愛称ヘラ、1866年生）といった。4人とも金髪で色白。活発で、とても賢かった。
　そして1867年11月7日、女のあかちゃんが生まれた。マリア・サロメアと名づけられたが、ほかの子とおなじように愛称で呼ばれた。マリアの愛称は、"マーニャ"だ。この末っ子マーニャが、のちのマリー・キュリーである。

前ページの絵◆ワルシャワの旧市街にあるフレタ通り。マリー・キュリーは、この通りにあるアパートで生まれた。

右◆フレタ通りからほど近い場所に立つジグムント3世の記念塔。ポーランドとスウェーデンの王だったジグムント3世は、1609年、ロシアに侵攻した。しかし、1800年代になると、逆にロシアがワルシャワを支配した。

1860年
ヴワディスワフ・スクウォドフスキ、ブロニスワヴァ・ボグスカと結婚する。

1864年
ポーランド人がロシアの専制に反乱を起こすが、失敗に終わる。

スクウォドフスキ家の子どもたち。左から、ゾーシャ、ヘラ、マリア（マーニャ）、ユージョ（男の子はただひとり）、ブローニャ。

ポーランドの名前

マリア・サロメア・スクウォドフスカという名前は、ふたりの祖母（マリアとサロメア）からとられたもの。カトリック教徒が多いポーランドでは、聖母マリアにちなむ「マリア」という名はとりわけ大切にされた。では、父の名字はスクウォドフスキなのに、どうしてマリアの名字はスクウォドフスカ？　ポーランド語では、男子の名字はi（イの音）で、女子の名字はa（アの音）で終わるのだ。

マリアの両親はいろんなことに関心をもつ、とても知的な人だった。母は敬虔なカトリック信者でもあったが、物理の教師をしていた父のほうはそれほどでもない。そしてふたりとも、よい家柄の出身ながら、けっして裕福ではなかった。

当時、ポーランドはいまのような独立国家ではなく、ワルシャワはロシアの支配下にあった（14〜15ページ参照）。祖国を愛する両親は、いつの日かポーランドが独立することを心から願っていた。

1867年2月18日
外科医のジョゼフ・リスター、手術中の感染をふせぐため、はじめて消毒剤を使う。

1867年11月7日
マリア・サロメア・スクウォドフスカ（のちのマリー・キュリー）、ワルシャワのフレタ通りで生まれる。

10 ワルシャワの少女

　マリアがフレタ通りのアパートで暮らした期間は短かった。1868年、父がワルシャワの西部、ノヴォリプキ通りにある公立の男子校（ギムナジウム）の物理の先生と副視学官になったからだ。視学官というのは、学校が政府の指示どおりに授業をしているか、違反はないかを調べる役だ。父が勤めた学校の校舎は、低くて細長い建物で、正面には柵があり、校庭ではライラックの木が茂っていた。

　校長は、イヴァノフという名のロシア人だった。イヴァノフ校長は、授業はすべてロシア語で教え、ポーランド語を使ってはいけないと、教師たちにきびしくいった。マリアの父はそんな校長を好きになれず、母国ポーランドの独立を望む気持ちを隠しておけないこともあった。

　父には官舎が用意されたので、一家は新しい家に引っ越した。どの部屋も赤いベルベットと黒光りする板でととのえられ、それが当時の流行だった。

　そして父の書斎には、気圧を計測して天気のようすを見る気圧計があった。小さなマリアは、いつも目をかがやかせ

ワルシャワの歴史地区にある建物。マリアの一家はこの地区で暮らしたのち、1868年、西部に引っ越した。

1868年
父ヴワディスワフ・スクウォドフスキ、ノヴォリプキのギムナジウムの副視学官となる。

1868年
母ブロニスワヴァ・スクウォドフスカ、フレタ通りの女学校の校長をやめる。

末っ子マーニャ　11

マリアの母、ブロニスワヴァ。
5人の子どもの教育としあわせのために
毎日休まず働きつづけた。しかし、
1871年からは病気に苦しめられる。

て、この科学的な装置をながめた。

ノヴォリプキ通りは町の中心街から遠かったので、母はフレタ通りの学校にかようことがむずかしくなり、しかたなく、女学校の校長をやめることにした。1800年代のヨーロッパでは、きちんとした職業につく女性はめずらしく、たとえ仕事をしても、夫の仕事のほうがはるかに重要だと考えられたのだ。

そこで母は、家庭で子どもたちに勉強を教えはじめた。どの子もとても利発だったが、とりわけ末っ子のマリアは賢かった。どんなことでもよく質問をして、早いうちから文字も読めるようになった。

5人の子どもたちは積み木が好きで、ときには雑誌の写真を切りとり、はりあわせて遊んだりもした。外に出て、学校の校庭でも遊んだけれど、なんといってもわくわくしたのは、夏学期が終わるころ。夏休みになれば家族みんなで、いなかの親戚の家に遊びにいけるからだ。

靴修理

生活が苦しくなり、母のブロニスワヴァは子どもたちのために靴づくりと修繕を習うことにした。革を切って縫いあわせ、つちで打って靴をつくるのだ。ブロニスワヴァは、つらい仕事をすることをいとわなかった。そしてマリアも、そんな母の姿を見ながら、努力をおしまないことの大切さを感じて大きくなっていく。

1870年
フランスとプロイセン（ドイツ）が戦争。プロイセンが勝利する。

1871年
母ブロニスワヴァ、体調をくずす。

12　ワルシャワの少女

母と姉の死

心配そうに、病気の娘につきそう母。1874年、マリアの姉ゾーシャがチフスにかかってこの世を去り、スクウォドフスキ家は悲しみにつつまれた。

1871年、マリアの母ブロニスワヴァは、顔色がすぐれず、やつれていった。しょっちゅう咳きこむようになり、医者から重い肺の病気、結核だと診断される。

そのころ、結核がどうやって人から人へ感染するのかは、まだわかっていなかった。ドイツの科学者ロベルト・コッホが結核菌を発見するのは、1882年のことだ。マリアの母は、結核で亡くなった義理の兄弟プシェミスワフの看病をするうちに感染したのかもしれない。

1872年、母は外国へ行くことになった。医者から、気候のよい、空気のきれいなところで休養するのが、もっともよい治療になるといわれたからだ。母は長女のゾーシャを連れて、最初はオーストリア・アルプスの保養地で、つぎに南フランスのニースで療養した。ゾーシャはフランス語の学校にかよい、とてもよい成績をおさめた。けれど、母の具合は、すこしもよくならない。

一方、ポーランドにいる子どもたちは、母と姉がいなくなって、とてもさびしい思いをしていた。家事をきりもりしてくれたのは、母の姉妹のルドヴィカ（愛称は"ルーシャおばさん"）だ。

そしてもうひとつ、こまったことに、父ヴワディスワフが学校の副視学官の仕事

1872年
母ブロニスワヴァ、オーストリアとフランスで療養する。

1874年
姉ゾーシャ、チフスで亡くなる。

母と姉の死　13

父ヴワディスワフは、のちに書いた詩のなかで、妻の死は全世界を「墓場に」変えたと語っている。

をやめさせられた（1873年）。学校のロシア人たちは、ポーランドの独立を望む父を信用できなかったのだろう。

こうしてスクウォドフスキ家はべつの家に引っ越し、父はそこで小ぢんまりした寄宿学校をひらいた。そしてこの年の秋、母と姉が新しい家に帰ってくる。

おなじ家で何人もの男子生徒が暮らし、どの部屋も人でいっぱいになった。そんななか、1874年に、またべつの病気が流行する。ノミやシラミが媒介する、チフスというおそろしい伝染病だ。そしてゾーシャとブローニャがチフスにかかり、ゾーシャは亡くなってしまう。

いまなお結核に苦しんでいた母は、ゾーシャの死にうちのめされた。1876年、ふたたび外国で療養しようと、ドイツのザルツブルンへ向かったものの、母にはもう、気力が残っていなかった。1878年5月8日、母は子どもたちに愛しているといいながら、息をひきとった。

マリアはこの何年かの、つらく悲しい出来事からたちなおれなかった。母の愛を失い、深く傷ついたマリアは、もうじき思春期をむかえようとしていた。

消耗病（結核）

結核菌が肺をはじめとするさまざまな器官に感染してひきおこされる結核は、1800年代は「消耗病」と呼ばれた。からだが徐々に消耗し、ついには死をむかえるからだ（日本ではむかし、「労咳（ろうがい）」といわれた）。当時、結核は難病で、マリアの姉ブローニャは、ポーランドに結核患者の療養所をつくった（1898年）。

1876年
アレクサンダー・グラハム・ベル、電話を発明。

1878年5月8日
母ブロニスワヴァ、結核で亡くなる。

当時のポーランド

　中世のポーランドは王国として栄えたが、1700年代になると、周辺の国々が勢力を増し、ポーランドを侵略しはじめた。1772年、プロイセン（ドイツ）が北西部を、ロシアが北東部を、そしてオーストリアが南西部を占領する。1793年にはプロイセンとロシアがさらに侵攻し、95年には、ポーランドのおもだった地域はすべて他国に支配された。「ポーランド」という国は、地図に存在しなくなったのだ。その後、ナポレオンがロシアとプロイセンに進撃してワルシャワ公国をつくるものの（ナポレオン戦争、1805〜15）、1815年にナポレオンが敗北すると、ふたたびロシアとプロイセンに占領された。1830年、ポーランド人はロシアに反乱を起こしたが、鎮圧されてしまう。マリアの祖父ユゼフ・スクウォドフスキもこの反乱で戦った。1846、63、64年にも反乱は起きたが、いずれも失敗に終わる。

下◆ポーランドの国境は歴史を通じて大きく変わった。1772年以降は3度にわたって周辺の国々に分割占領される。100年以上ものあいだ、ポーランドは外国に支配されつづけたのだ。

左◆1863年、見張りに立つポーランド反乱軍の人びと。武器らしい武器はほとんどなく、ロシア軍につかまれば虐待された。

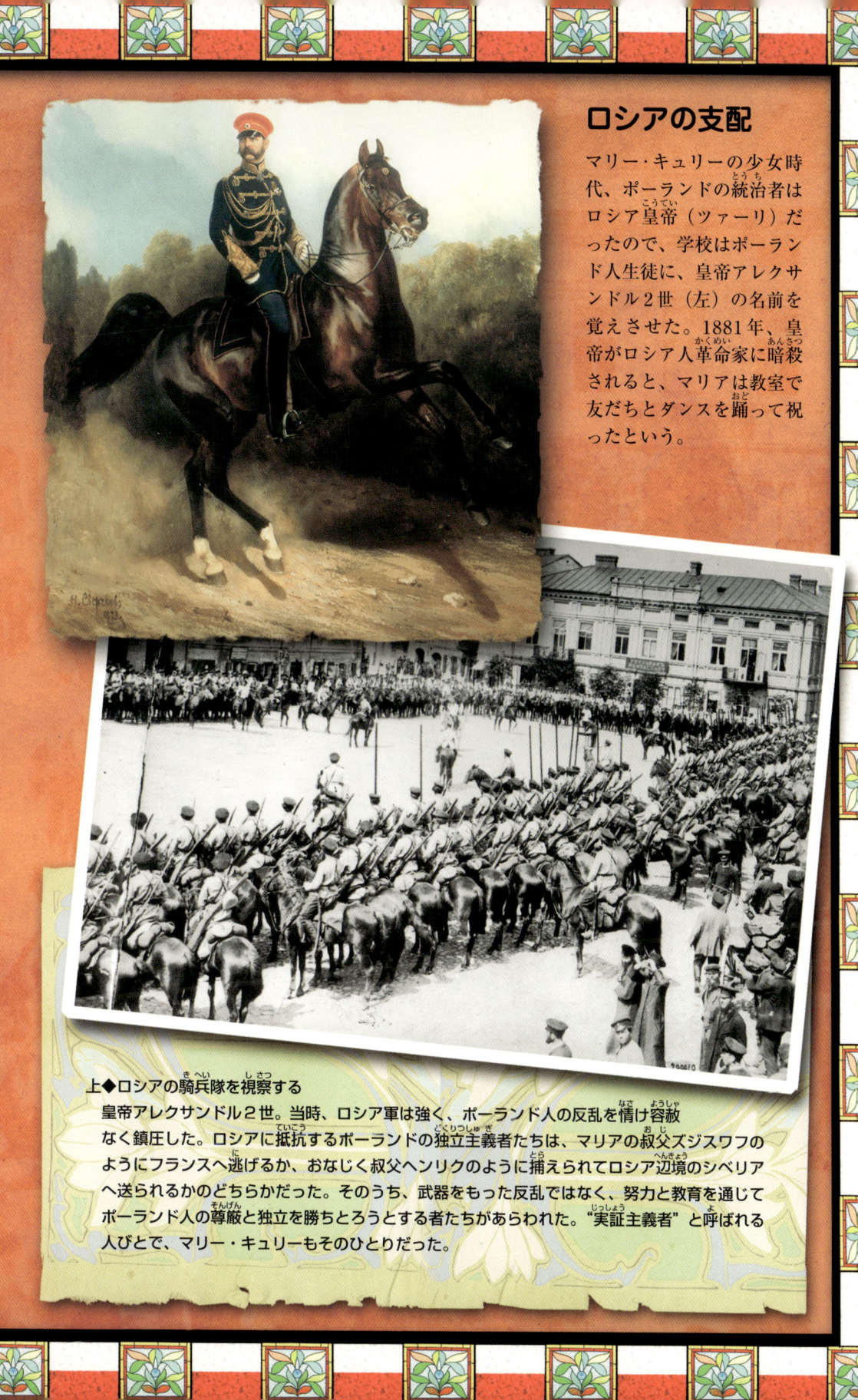

ロシアの支配

マリー・キュリーの少女時代、ポーランドの統治者はロシア皇帝（ツァーリ）だったので、学校はポーランド人生徒に、皇帝アレクサンドル2世（左）の名前を覚えさせた。1881年、皇帝がロシア人革命家に暗殺されると、マリアは教室で友だちとダンスを踊って祝ったという。

上◆ロシアの騎兵隊を視察する皇帝アレクサンドル2世。当時、ロシア軍は強く、ポーランド人の反乱を情け容赦なく鎮圧した。ロシアに抵抗するポーランドの独立主義者たちは、マリアの叔父ズジスワフのようにフランスへ逃げるか、おなじく叔父ヘンリクのように捕えられてロシア辺境のシベリアへ送られるかのどちらかだった。そのうち、武器をもった反乱ではなく、努力と教育を通じてポーランド人の尊厳と独立を勝ちとろうとする者たちがあらわれた。"実証主義者"と呼ばれる人びとで、マリー・キュリーもそのひとりだった。

勉強にはげむ

マリアの両親は、教室だけが学びの場ではない、と考えていた。遊んだり、いなか道を散歩したりしているときにも、さまざまなことを学べる。スクウォドフスキ家の子どもたちは、気候や自然、科学や算数、そしてポーランドの歴史を学び、外国語もいくつか習った。マリアの両親はロシア語、フランス語、英語を話すことができたからだ。

勉強のことになると、父も母もマリアたちに、一生けんめい努力しなさいとよくいった。ただしマリアは、両親にいわれるまでもなく、勉強や読書が大好きだった。しかも、記憶力がとてもよかった。

マリアがはじめてきちんと勉強を教わったのは、母がかつて校長をしていたフレタ通りの学校だった。そして10歳から、姉のヘラといっしょに近所の学校にかよいはじめる。私立の学校で、経営者は聡明で心やさしいヤドヴィガ・シコルスカという女性だった。制服は青色だ。マリアはとても賢いうえ、勉強熱心なので、年齢より上のクラスに入り、姉のヘラと机をならべた。

学校は、表と裏の授業を使いわけていた。表というのは、ロシアが決めた公式なもので、科目にはロシア語やロシアの歴史があった。

1870年代、ヨーロッパの学校はとてもきびしかった。小さな子でも、たくさんのことがらや詩を暗記させられ、みんなの前で、そらで発表しなければいけなかった。

1878年
ロシアで革命が起き、大勢のロシア人活動家がシベリアへ追放される。

1878年春から夏
マリア、母の死に打ちひしがれる。

> 「あの子［マリア］はいつも自分の意見をしっかりもっていて、反論にはどう答えたらよいかもわかっていました」
> ——マリアの姉、ヘレナ（ヘラ）・スクウォドフスカ——

　そして裏というのは、認められていないポーランド語の授業だ。たとえば、ロシアの視学官が教室へやってくると、公式のロシア語で授業をする。そんなとき、先生はロシア語がよくできるマリアをさして、答えさせることが多かった。そして視学官がいなくなると、先生も生徒もほっとして、ポーランド語で話すのだ。こういうやり方は、先生にとっても生徒にとっても、大きな心の負担となった。

　ヤドヴィガ先生は、マリアとヘラをとてもかわいがってくれた。ただ、母親が亡くなったために、マリアは無口で、ふさぎこみがちな子になっていた。

　1878年、学年が終わるころ、先生はそんなマリアを心配して、父ヴワディスワフにこういった——「マリアを1学年下のクラスにして、おなじ歳の子たちといっしょにしたほうがいいのではないでしょうか」

　父はしかし、その申し出をことわった。マリアがつらいことをのりこえるには、なにか新しいことに力をそそぐのがよいと考えたからだ。そして父は、ヘラはそのまま学校に残し、マリアひとりを転校させた。

二都物語

父のヴワディスワフは、お気に入りの物語や詩を子どもたちに読んで聞かせるのが好きで、子どもたちも喜んで耳をかたむけた。そしてマリアが何度も読んでほしいとせがんだのが、イギリス人作家チャールズ・ディケンズの『二都物語』だった。フランス革命にまつわる波乱万丈のお話で、ふたつの都、パリとロンドンが舞台だ。ふりかえれば、マリア自身の人生も、ワルシャワとパリの"二都物語"になった。

1878年夏
ヤドヴィガ・シコルスカ、ふさぎこむマリアを心配する。

1878年夏
父はマリアをべつの学校にかよわせることを決心する。

18　ワルシャワの少女

マリアが転校したのは、第3ギムナジウムという、公立の中等・高等学校だった。ワルシャワの中心部にあり、建物は、もと修道院だ。ロシア式の学校で、教師の多くはポーランド人をひどく嫌った。マリアの父がそれを気にしないはずもなかったが、ここでなら、正式な卒業資格を得ることができる。そうすれば、大学へ進学する道もひらけるのだ。

姉のヘラがいないので、マリアは新しい学校でひとりぼっちだった。それでもじきに、おなじクラスのカージャ・プシボロフスカと仲よくなり、マリアは楽しく学校にかよっているかに見えた。

しかし、のちになってマリアは、この学校を批判している。授業の内容、とくに科学の基礎教育に対する批判だ。教師のなかには、マリアは頑固すぎると、うとんじる者もいた。

それでもマリアが優秀な生徒だということは、だれもが認めた。1883年6月12日、マリアは15歳で卒業する。しかも、クラスの最優秀生徒として、金メダルまで授与されたのだ。マリアの兄も姉もおなじように成績優秀で、父は子

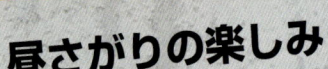

昼さがりの楽しみ

マリアの親友カージャの父は、裕福なザモイスキ伯爵の司書をしていた。カージャは伯爵の、宮殿のような邸宅の一室に暮らしていたので、マリアは下校途中でちょくちょく遊びに行った。そしてふたりでレモネードを飲んだり、チョコレート・アイスクリームを食べたりして、楽しくすごした。

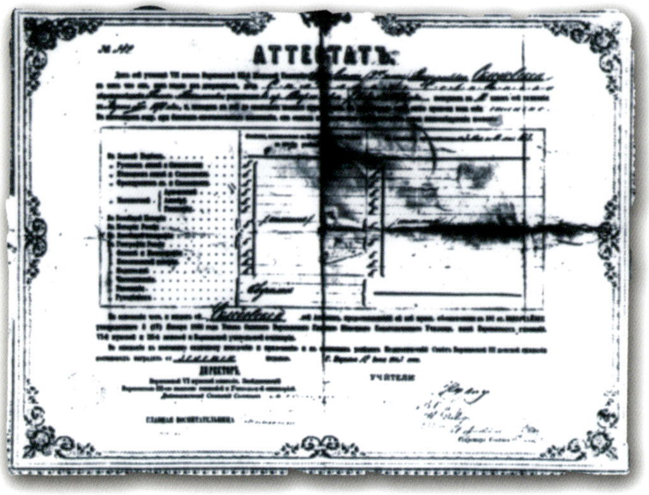

マリアのギムナジウムの卒業証書。金メダルをもらうほど、とても優秀な生徒だった。

1878年秋
マリア、ワルシャワの中心地にある第3ギムナジウムに転校する。

1881年
ロシア皇帝アレクサンドル2世が暗殺され、マリアとカージャはダンスをして喜ぶ。

16歳のマリア。
見るからに、きまじめな顔。
巻き毛はひっつめられ、かたく結ばれている。

どもたちを誇りに思った。
　では、学校を卒業したマリアは、つぎになにをしただろうか？　おなじ年ごろの少女なら、そろそろ結婚を考えはじめる時期かもしれない。しかし、マリアの頭のなかには、勉強のことしかなかった。教師になるか、それとも大学へ進学するか──。
　地元のワルシャワ大学は男子しか入学できない。けれど、ロシアのサンクトペテルブルグか、フランスのパリに行けば勉強をつづけることができる。といっても、それだけの資金があれば、の話だった。
　しかも、この時期になって、マリアのなかで積み重なった心の疲れがあらわれた。勉強のことだけ考えてきたマリアは、母や姉の死をまだしっかりと受けとめていなかったのだ。学校を卒業したいま、勉強で気をまぎらわすこともできない。マリアはふさぎこみ、家にひきこもった。食事もほとんどとらず、カーテンをしめきった部屋で寝ていることが多くなった。

1883年6月12日
マリア、金メダルを授与されて第3ギムナジウムを卒業。

1883年晩夏
マリア、うつ状態に苦しむ。

青春の日々

2

青春の日々

美しい16歳

　父ヴワディスワフは、ふさぎこむ娘のためになにかをしなくては、と思った。そして心をほぐして元気になるよう、マリアにいなか暮らしをさせてみる。その後の1年は、マリアの人生でも忘れられない、楽しく晴れやかな日々となった。

　マリアの両親の実家はともに、いなかの広い土地に邸宅をかまえるシュラフタ（士族）の家系で、親戚の多くもシュラフタだったから、マリアが滞在できる場所はあちこちにあった。

　マリアを乗せた列車は、まず南部のズヴォーラへ向かう。亡き母の兄弟、ヘンリクとヴワディスワフを訪ねるのだ。どちらの家にも、犬が何匹もいて、音楽に本、そして笑い声にあふれていた。マリアは子どもの遊びはなんでもやって、羽根つきをしたり、絵を描いたり、馬にも乗った。

　1883年から84年にかけての冬は、タトラ山脈のふもとに行った。叔父のズジスワフが、スカルブミェシュという町で法律の仕事をしていたのだ。叔父の奥さんもマリアという名前だったが、マリアはこの叔母にはびっくりさせられた。というのも、たばこを吸い、家事をほとんどしないのだ。おばさんはレース編みを教え、家具をつくる工房ももっていた。

上◆1800年代、人びとは民俗舞踊や音楽を楽しむことで、自分たちがポーランド人であることを表現した。そのため一時期、ロシアはポーランドの民俗衣装で踊ることを禁止した。

前ページの写真◆大学へ行く夢がかなったころのマリア（1891年）。

1883年初秋
マリア、叔父のヘンリクとヴワディスワフを訪ねる。

1883年11月
マリア、スカルブミェシュの叔父夫婦（ズジスワフとマリア）の家に滞在する。

美しい16歳

スカルブミェシュで、マリアが楽しんだ馬車ぞり。仲間たちと雪のなか、フィドル（バイオリンに似た楽器）の演奏を聞きながら、舞踏会から舞踏会へと馬車ぞりで移動するのだ。

マリアはいとこたちと山歩きを楽しみ、じきに体調もよくなって、いきいき、はつらつとしてきた。16歳のマリアは、美しい、魅力的なおとなの女性になりつつあった。

その年の7月、ワルシャワに帰ったマリアは、姉のヘラといっしょに、母の教え子だったド・フルーリー伯爵夫人の邸宅に招かれた。ワルシャワの北東、ケンパという町にあるとてもりっぱなお屋敷だ。そこでは若者たちが悪ふざけをしあったり、ふりそそぐ陽光のもとで泳ぎ、ボートをこぎ、サクランボを食べたりした。マリアにとっては、夢のような日々だった。

マズルカを踊ろう！

マリアはダンスを習っていたので、とてもじょうずに踊ることができた。スカルブミェシュでは、青年が民俗衣装をまとって踊る舞踏会があり、マリアも喜んで踊った。マリアのお気に入りの踊りはマズルカだ。マズルカはポーランドのむかしながらの踊りで、軽快な3拍子。

1884年7月
マリア、姉のヘラとともに、ケンパに招かれる。

1885年
フランスのルイ・パスツール、狂犬病のワクチンをつくる。

24 青春の日々

家庭教師時代

夏も終わるころ、マリアはワルシャワの自宅にもどった。父は経営していた小さな寄宿学校を閉じて、もっとせまいアパートに引っ越していた。子どもを教える仕事はつづけていたものの、息子のユゼフが医学を勉強する資金をつくるのがやっとだ。それでもマリアとブローニャは、大学進学の夢をあきらめなかった。

ブローニャとマリアは、将来についてよく語りあった。ふたりは姉妹のなかでも気があい、自分たちの力でなにかをやりとげたい、祖国ポーランドのためにつくしたい、と考えていた。

そしてふたりは、実証主義に共感した。実証主義というのは、教育と科学によって進歩しようという考え方だ。ブローニャもマリアも、中流・上流階級だけでなく、貧しい農民や労働者も学校で学べる日がくることを願っていたのだ。

ポーランドの実証主義者は、この絵のような農民や貧しい人びとも教育を受けられるようにならなくてはいけない、女性にも男性とおなじ権利をあたえなくてはいけないと主張した。ブローニャとマリアは、そんな実証主義に共感する。

1885年秋
マリアとブローニャ、家庭教師を始める。

1885年
カール・ベンツ、世界初のガソリンで動く自動車を開発。

家庭教師時代　25

マリア（左）とブローニャ。
ふたりともパリで学びたいと思っていたが、資金は自分たちでつくるしかなかった。父は娘たちの学費をだせない自分を恥じた。

　また、女性も男性とおなじように教育を受け、仕事の場をあたえられるべきだとも考えた。信仰に関して、ポーランドではカトリック教会の力が強すぎるとは思ったが、マリアもブローニャも、父とおなじく、信仰よりも科学のほうに興味があった。
　ふたりは収入を得るために、家庭教師をすることにした。そして1885年12月から、マリアはワルシャワの裕福な家で、住みこみの家庭教師になる。とはいえ、マリアはその家族を好きになれなかった。むだづかいばかりする一方で、お金にきたなく、しかも高慢だったからだ。
　そうこうするうち、ふたりの夢を実現させる資金をつくったのは、マリアのほうだった。住みこみの家庭教師をしながら、マリアは収入の半分をブローニャに仕送りしたのだ。そのおかげで、ブローニャはパリで医学を学ぶことができた。いずれブローニャが資格をとって医師になれれば、今度はマリアをパリに呼びよせ、学費を出してくれるだろう。

空飛ぶ大学

1882年、ワルシャワで、女性のための学校がひそかにつくられた。政府の圧力にもかかわらず、1890年までに約1000人の女性が学び、そのなかにブローニャとマリアもいた。学校はのちに、飛行機で各地をまわるようになり、「空飛ぶ大学」と呼ばれる。

1885年12月
マリア、ワルシャワで住みこみの家庭教師をする。

1886年
ワルシャワでひそかにつくられた女性のための学校は、のちに「空飛ぶ大学」となる。

26　青春の日々

シチューキの家は快適で、まわりは一面、農地だった。
ゾラフスキ家は広大な土地を所有し、屋敷のとなりにはテンサイ（砂糖大根）の工場があった。

　1886年の元日、マリアはべつの家で、住みこみの家庭教師になった。ワルシャワから約100キロ北、シチューキ村にあるゾラフスキ家だ。
　ゾラフスキの子どものなかには、ワルシャワの学校で勉強する子もいれば、6歳の子も、あかんぼうもいた。マリアが教えることになったのは、10歳の女の子アンジャと、長女のブロンカだ。ブロンカは18歳で、マリアとほとんど変わらず、ふたりは仲よしになった。
　ゾラフスキ家の人たちは、マリアによくしてくれた。とはいえ、けっして対等に接しようとはしない。マリアは勉強を教えるあいまに時間を見つけては本を読み、科学を勉強してすごした。給料のほぼ半分をブローニャに送っていたので、新しい服を買うこともほとんどなかった。

1886年1月
マリア、ゾラフスキ家の住みこみ家庭教師になる。

1888年
父ヴワディスワフ、感化院の院長となる。

家庭教師時代

貧しい子にも教育を

マリアとブロンカはゾラフスキ家の台所で、貧しい使用人の子20人に勉強を教えた。じつは、これは法律違反で、もしロシア政府に見つかれば、マリアもブロンカも牢屋に入れられるか、シベリアへ追放されていただろう。

そんなとき、ワルシャワ大学で学んでいたゾラフスキ家の長男カジミェシュが帰省し、若い家庭教師マリアにひかれて、ふたりはまもなく愛しあうようになった。ところが、カジミェシュがマリアと結婚したいと告げると、両親は顔色を変えた。息子が家庭教師のような身分の低い女性と結婚するなどとんでもない、と思ったのだ。マリアはとても貧しかったし、実家は一片の土地ももっていなかったからだ。

カジミェシュはとほうにくれたが、結局は両親のことばにしたがう。マリアは深く傷ついたものの、家庭教師の仕事はやめなかった。自分のために、そしてブローニャのために、どうしてもお金が必要だったからである。

マリアがゾラフスキ家を去るのは、1889年。その後は、やはり裕福なフック家の家庭教師になる。そして年があけた3月、ブローニャからうれしい手紙がとどいた——「来年、パリにいらっしゃい」

マリアの家庭をとりまく環境は上向き、もうお金にこまることはなくなった。1888年、父がワルシャワ郊外にある感化院の院長となり、楽しい仕事とはいえなかったものの、収入が増えたのだ。父はパリのブローニャへ送金し、マリアがブローニャに送っていた学費も返金してくれるようになった。

カジミェシュ・ゾラフスキは、若くてハンサムな学生だった。マリアは結婚を反対されて、深く傷ついた。

1889年
マリア、シチューキを去り、バルト海沿岸にあるフック家の家庭教師をする。

1890年3月
パリで勉強していたブローニャ、マリアを呼びよせる。

マリアからマリーへ

ようやく、マリアに大きなチャンスがめぐってきた。なのに、マリアは悩んだ。
ほんとうにパリに行きたい？　行ったとしても、なにを勉強すればいい？

　物理を勉強したらいいのだろうか？　マリアはワルシャワにもどると、農工業博物館の研究所にかよった。いとこのユゼフ・ボグスキがここの所長で、マリアはいろんな器具を使って実験しては、正確な結果をみちびきだすことに夢中になった。
　1891年も終わろうとするころ、マリアはようやく気持ちをかため、ソルボンヌ大学の理学部に入学しようと、パリ行きの列車に乗った。
　入学手続きのとき、マリアは自分の名前をフランス式に"マリー"・スクウォドフスカにして登録。
　このときから、マリアは"マリー"になった。
　最初のうち、マリーは姉のブローニャといっしょにリュ・ダルマーニュ（ドイツ通り）で暮らした。ブローニャはすでに大学を卒業していたが、1000人の医学生のうち、卒業できた女性はわずか3人だったという。
　そしてブローニャは、結婚もしていた。夫も医師で、名をカジミェシュ・ドウスキといい、政治的な理由でポーランドをはなれた人

1891年以降、マリーはフランスで長年暮らすが、西ヨーロッパのほかの国にも旅をすることはあった。

1890〜91年
ワルシャワに帰ったマリアは、いとこの研究所で実験にいそしむ。

1891年11月
マリア、パリへ行く。以後、マリア・スクウォドフスカは、マリー・スクウォドフスカとなる。

マリーが暮らしたパリは、ファッションと芸術では世界最先端の都市だった。そして、科学と技術でも。

物だった。社会主義を信奉し、平等な社会をつくるには経済を根底から変えるしかないと信じて、実証主義が主張する理想的な改革は否定していた。

　マリーは、なかなかおちついて勉強することができなかった。家のなかはいつも騒がしく、大声の議論と笑い声がうずまいて、友だちどうしはポーランド語で会話する。マリーはフランス語をしっかりと身につけなくてはいけなかったので、パーティやおしゃべりを楽しむ時間はほとんどなかった。

　というわけで、マリーはひとり暮らしをはじめた。場所は学生街として知られるカルチェラタン地区だ。

　その後、何度か引っ越しをしたが、どこも寒くてみすぼらしい、パリの屋根裏部屋だった。それでも夏になると、マリーはポーランドに帰って家族と休暇をすごした。

お行儀の悪いパリ？

　1890年代のパリは、貧しい芸術家、詩人、学生が集まる刺激的な町だった。バーにダンスホール、仮面舞踏会。おまけにカンカンのような、当時の人びとが目をまるくしたダンスの発祥地でもある。マリーにはしかし、それを楽しむ時間などなかった。ひたすら勉強にはげんだのだ。

1891年
マリー、姉夫婦（ブローニャとカジミェシュ・ドウスキ）と暮らす。

1892年
マリー、フラテル通り3番地の小さなアパルトマンでひとり暮らしをする。

未来のための科学

　マリーの時代、科学こそ人類進歩の鍵だ、と信じる人が増えてきた。そしてマリーもそうだったが、科学者はおしなべて理想主義的だった。なにかを発明してもあえて特許（個人の成果として登録すること）を申請しない科学者もいて、自分の研究したことが特定の個人や会社、国ではなく、全人類に役立てばよいと考えた。こうして人びとは、きっと科学なら、世界のあらゆる問題を解決してくれるにちがいないと期待した。ただ、現実には、期待どおりにはいかなかった。それでもマリーの時代には、偉大な科学者が何人もあらわれた。たとえば、宇宙に対する考えを大きく変えたアルバート・アインシュタイン、いまでも使われている元素の周期律表を完成させたドミートリ・メンデレーエフ、X線の発見で医学に革命をもたらしたヴィルヘルム・レントゲンなどである。

背景の絵◆パリのソルボンヌ大学。かつては宗教の研究で名高かったが、1890年代には科学研究の中心地となる。教授のなかには、カラー写真を発明したガブリエル・リップマン（1845～1921）もいた。

ドミートリ・メンデレーエフ
（1834～1907）

ロシアの化学者。マリーのいとこ、ユゼフ・ボグスキが助手として働いたこともある。メンデレーエフは、元素（物質をつくる基本の要素で、たとえば炭素や酸素）を研究し、元素を配列した「周期律表」をつくった。現在、元素は約110種類あることがわかっている。

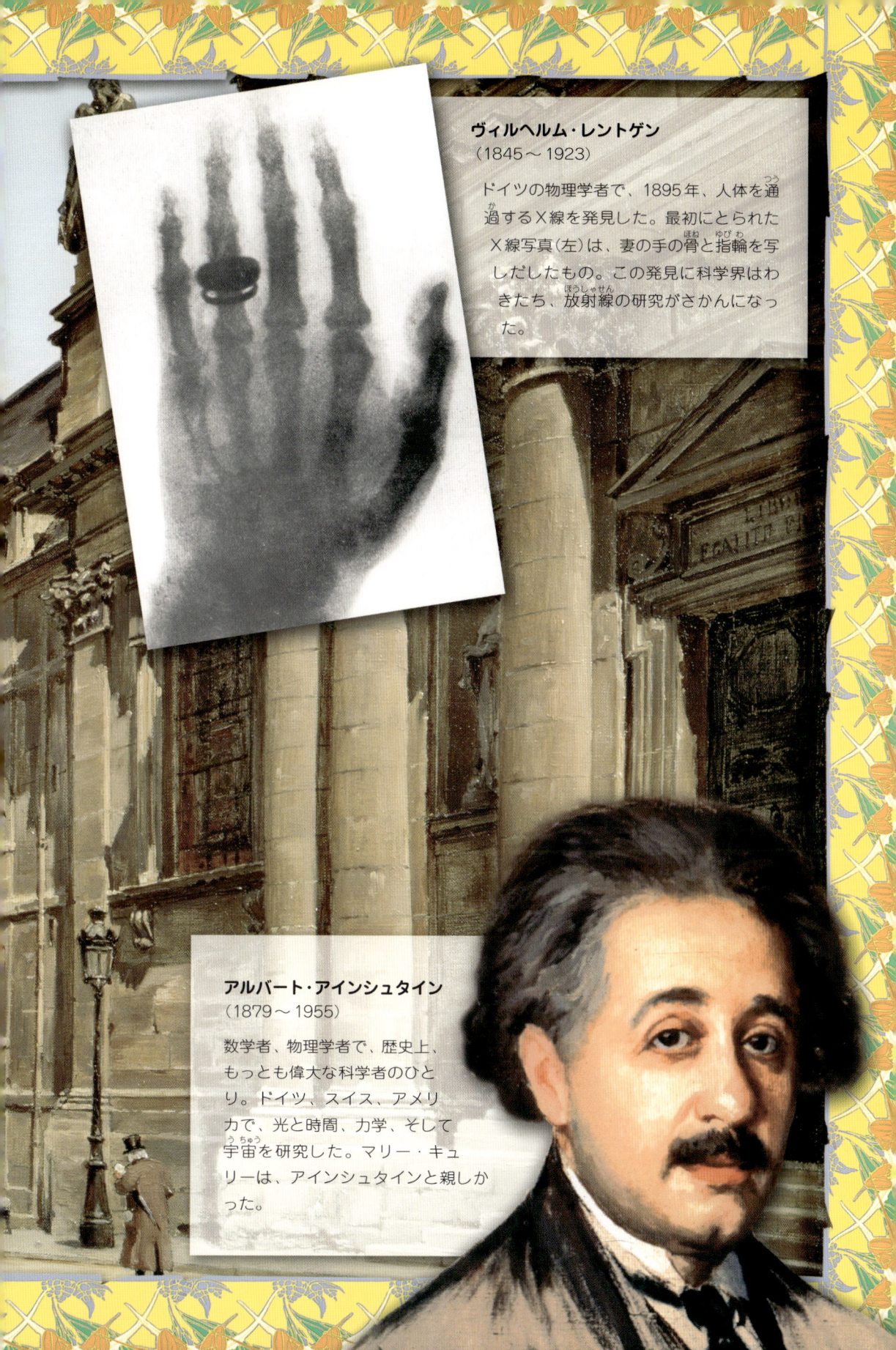

ヴィルヘルム・レントゲン
（1845～1923）

ドイツの物理学者で、1895年、人体を通過するX線を発見した。最初にとられたX線写真（左）は、妻の手の骨と指輪を写しだしたもの。この発見に科学界はわきたち、放射線の研究がさかんになった。

アルバート・アインシュタイン
（1879～1955）

数学者、物理学者で、歴史上、もっとも偉大な科学者のひとり。ドイツ、スイス、アメリカで、光と時間、力学、そして宇宙を研究した。マリー・キュリーは、アインシュタインと親しかった。

ソルボンヌ

ソルボンヌ大学で科学を学ぶ学生は2000人いたが、そのうち女性はわずか23人。マリー・スクウォドフスカは、物理学を専攻する初の女学生だった。

周囲の人びとは、マリーに礼儀正しく接してくれた。ただし、男子学生も教授も、マリーを相手にしてはいなかった。女性が男性ほど賢いはずがない、研究にうちこめるはずがないと思いこんでいたのだ。マリーは、そんな考えはまちがっていることを証明しようとした。毎日、時間をおしんで勉強し、食事もほんのすこし。よぶんなお金はなかったし、のんびりしたり、遊んだりすることもがまんした。

物理の学士号をとる試験は、1893年の7月だった。その日が近づくにつれ、マリーはいらいらをつのらせていく。けれど、そんなに心配する必要などまったくなかった。試験に合格したのはもちろん、全学生のなかで最優秀という、みごとな成績だったのだから。

夏休みにポーランドへ帰省したマリーを、家族は誇らしく迎えた。女性の教育をうったえる運動家も同様で、そのひとり、ヤドヴィガ・ディディンスカが、マリーが奨学金をもらえるように働きかけてくれた。結果はうまくゆき、マリーは600ルーブルの奨学金を手にする。これだけあれば、15か月はじゅうぶんに暮らせるので、マリーはふたつめの資格、数学の学士号もとることにした。試験は1894年の夏。マリーは全学生中2番の成績で合格した。もっと勉強すれば1番をとれたかもしれない——と思ったというから、いかにもマリーらしい。

大学に入って間もないころ、学生仲間がスケッチしたマリー。

1893年
世界ではじめて、ニュージーランドが女性に投票権をあたえる。

1893年7月
マリー、ソルボンヌ大学で物理学の学位をとる。

ソルボンヌ 33

フランスの画家カミーユ・ピサロ（1830〜1903）の「耕作地にいる女」。日曜日になると、マリーはときどき都会をはなれ、新鮮な空気を吸いに出かけた。マリーは生涯、いなかでくつろぐことを愛した。

春になったら

わきめもふらずに勉強していたマリーだが、あたたかい春の日ざしが部屋にさしこみはじめると、心がうきうきした。そしてたまにはパリをはなれ、短い日帰りの旅に出かけた。マリーが父に送った手紙には、草木の新緑、ライラック、リンゴの花のことが書かれている（1893年）。フランスの気候は、ポーランドよりずっとおだやかだった。

こうしてマリーは学士号をふたつとった。そろそろポーランドへ帰る時期だろう。が、そんな折り、仕事の話がまいこんだ。そしてこれがきっかけで、マリーはかけがえのない男性と出会うことになる。

1893年夏
マリー、600ルーブルのアレクサンドロヴィッチ奨学金をあたえられる。

1894年夏
マリー、数学でふたつめの学位をとる。

天才の二人三脚

3

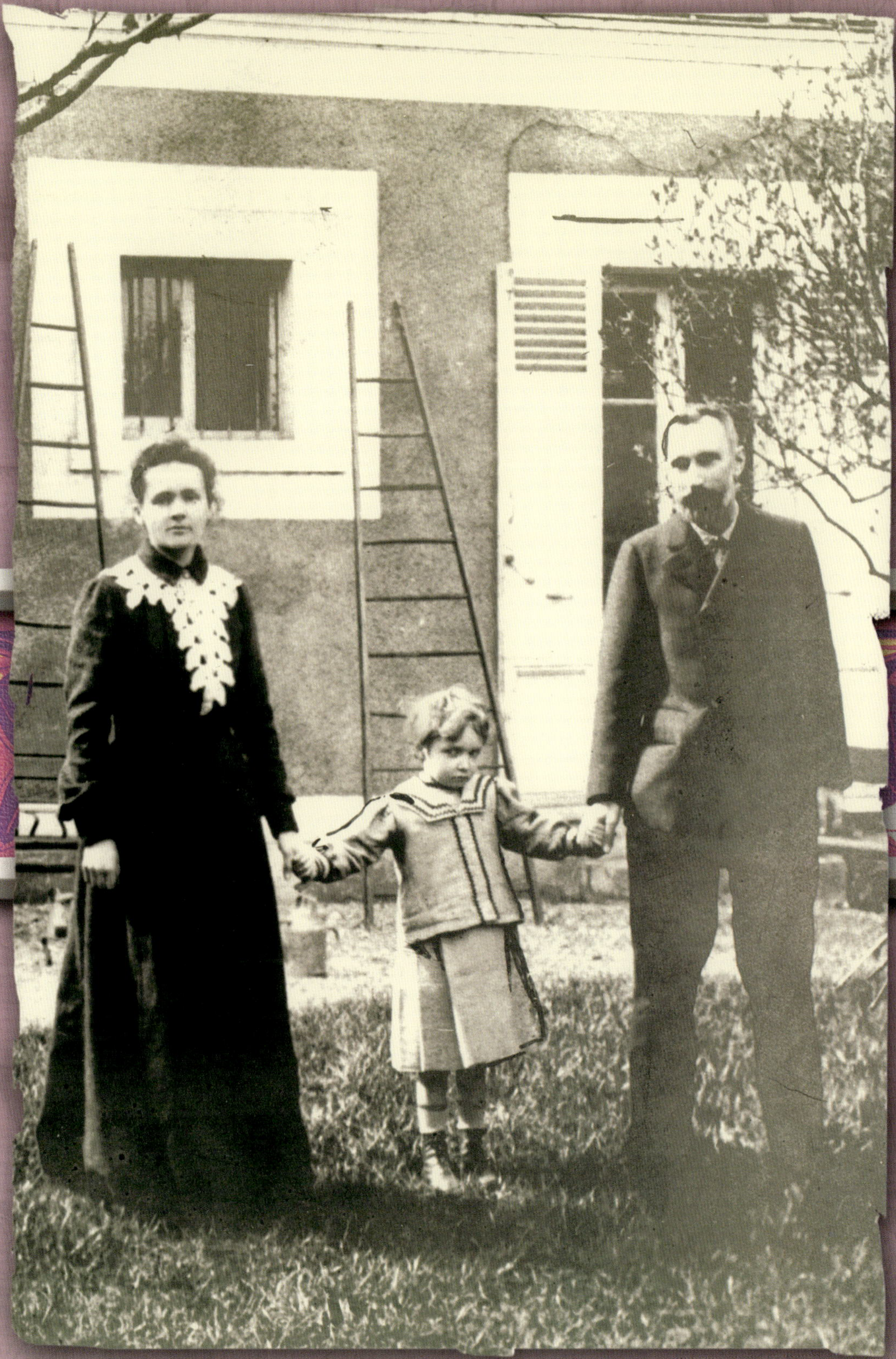

マリーとピエール

マリーは仕事につくことにした。ソルボンヌ大学の教授、ガブリエル・リップマンがマリーのために用意してくれたプロジェクトで、鋼鉄の磁気作用の研究だ。フランス工業振興協会から、研究費として600フランが支給され、これで1年間の食費と小さなアパルトマンの部屋代がまかなえた。

ただ、ひとつだけ問題があった。リップマン教授の研究室は手狭で、マリーの研究にはもっと広い場所が必要だったのだ。

そんなある日、マリーはパリに来た知人のポーランド人夫妻と会って、このことを話した。すると夫のユゼフ・コヴァウスキ教授が、自分の友人に相談してみたらどうか、と提案。友人の名は、ピエール・キュリーといった。

パリの物理化学学校で働いていたピエールは、さっそくマリーのために研究用の小部屋をさがしてくれた。このとき、ピエールは35歳だった。

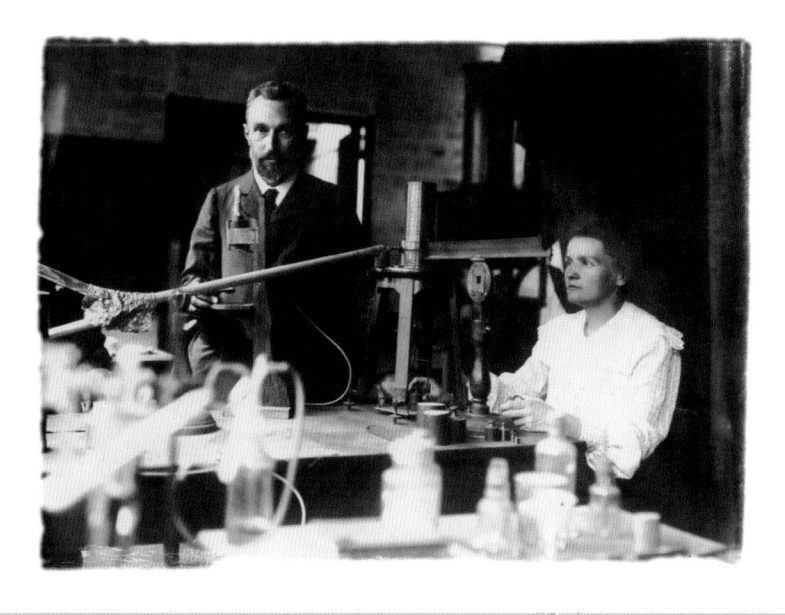

左◆実験室のマリーとピエール。最初にふたりを結びつけたのは科学への愛だった。どちらも物理に関心をもち、息のあった研究をつづける。ピエールがマリーに贈った最初のプレゼントは、自分の書いた科学書だ。

前ページの写真◆ピエールとマリー、長女イレーヌ。1899年ごろ。

1894年
マリー、鋼鉄の磁気作用の研究で補助金を支給される。

1894年
マリー、ピエール・キュリーと出会う。

マリーとピエール

ピエール・キュリーは、非常に有能な科学者だった。装置をいくつも発明し、専門は磁気学だ。兄のジャックとともに水晶振動子と電気について研究し、その成果が20世紀のクオーツ時計やマイクロフォンなどの開発につながる。

カジミェシュ・ゾラフスキとの恋にやぶれて以来、マリーはふたたび恋愛するなど想像すらしていなかった。一方ピエールは、愛する人を15年前に亡くしていた。マリーもピエールも、恋愛は心の痛みしかもたらさないし、そもそも愚かでしかないと考えていたのだ。

ところが、そんな賢明な考えの持ち主ふたりが恋をした。ピエールとマリーはどこから見てもお似合いだった。ふたりとも知性にあふれ、いつも科学のことばかり考えている。そして堅実で、派手なことは苦手だった。

ふたりが出会ったのは、1894年の春だ。その年の夏、休暇でポーランドへ帰ったマリーのもとに、ピエールから何通ものラブレターがとどいた。マリーはしかし、なかなか心を決められなかった。

とはいえ、それからちょうど1年後、マリーはパリから家族や友人に手紙をだし、ピエールとの結婚を知らせることになる。

失読症の天才

ピエール・キュリーは天才だったが、文章を書くと、文字をまちがえることがよくあった。また、文法がわからなくなったり、ピリオドを書き忘れる、文字を大文字にし忘れるということもあった。現代ではこのような症状を失読症という。

ピエール・キュリーの家族。
手前が父のウジェーヌ・キュリー医師と母ソフィ・クレア・ドゥプイイ。うしろがピエール（左）と兄のジャック。
キュリー家は、マリーの家族とおなじような小地主の家柄だった。

1895年
ヴィルヘルム・レントゲンがX線を発見する。

1895年春
ピエール・キュリー、磁性に関する論文により、ソルボンヌ大学で博士号をとる。

38 天才の二人三脚

　1895年の7月26日、マリーとピエールはパリ中央駅から列車に乗り、ピエールの家族が暮らす郊外のソーへ向かった。そしてソーの町役場で質素な結婚式をあげる。マリーの服装は、水色のブラウスに紺のスーツ。しあわせいっぱいの一日だった。マリーの父と姉のヘラがワルシャワからやってきて、ブローニャと夫のカジミェシュ・ドウスキも列席した。バラが咲きほこる庭ではシャンパンが用意され、ランチのあとはブール（芝生でするボウリングに似たゲーム）を楽しんだ。

　ピエールとマリーは自転車2台を贈られて、新婚旅行にはこれで出発した。列車に自転車を積みこみ、フランス北西部のブルターニュ地方を目ざす。ふたりは海岸線をサイクリングした。

　パリに帰ると、マリーとピエールはグラシエール通りのアパルトマンを借り、マリーは家事をこなして家計簿もつけた。もちろん、マリーはマリーらしく、さらなる研究コースで勉強しつつ、教師としての経験も重ねる。鋼鉄の磁気作用の研究は完了させて、報告書をまとめた。一方、博士号をとったピエールは、結晶物理の研究を進めながら、学校では電気の講座で教壇に立った。

　結婚から2年後の1897年、マリーは妊娠した。つわりで体調がすぐれず、しばらくブルターニュで休養する。そして9月12日、医師である義父の手を借りて、パリで出産。生まれた女の子はイレーヌと名づけられた。

　マリーはあかんぼうの成長を、実験さながら楽しく観察した。とはいえ、仕事や研究をつづけながら育児をするのはなかなか大変で、マリーは自信をなくしていく。

動く写真

フランス人の兄弟、オギュスト・リュミエールとルイ・リュミエールは、「映画の父」と呼ばれる。1895年12月28日、世界初の映画が、パリのカプシーヌ大通りにあるグラン・カフェで上映された。あくる年、ピエールとマリーもパリではじめて映画を見る。

1895年7月26日
マリーとピエール、パリ郊外のソーで結婚する。

1895年
リュミエール兄弟（オギュストとルイ）、映写機を発明する。

そこへ、ピエールの父が援助の手をさしのべてくれた。マリーの出産から2週間後にピエールの母が亡くなったこともあり、父とピエール、マリー、あかんぼうのイレーヌの4人は、ケレルマン大通りの一軒家に引っ越した。

ふたりの自転車

1890年代、サイクリングがブームになった。自転車なら、行きたいところへ自由に行けるし、健康にもよい。ピエールとマリーもサイクリングに夢中になり、ブルターニュやオーベルニュなどを自転車旅行した。自転車には動きやすい服装で乗るが、古い考えの人たちは、マリーのような若い女性がスカートではなくキュロット（ゆるめのズボン）をはいているのを見て、あっけにとられた。

さあ、出発！
1895年7月、これから新婚旅行に出かけるピエールとマリー。新しい自転車は、いとこから結婚祝いとして贈られたもの。ふたりは誇らしげに自転車に手をそえ、カメラに向かっている。新婚旅行は、ブルターニュの美しい海岸線のサイクリングだった。

1897年9月12日
マリー、長女イレーヌを出産。

1897年9月27日
ピエールの母が亡くなり、父はピエール一家と同居する。

ポロニウムとラジウムの発見

1896年、ヴィルヘルム・レントゲンがX線を発見すると、世界じゅうの科学者が興奮した。その後まもなく、X線は波長の短い光線に似たものであることがわかり、放射線や電磁波の研究がさかんになる。

フランスの物理学者アンリ・ベクレルは、ウラニウムという元素が光を発することに関心をもった。そしてマリーは、このベクレルの研究に着目する。ソルボンヌ大学で博士号をとるのに、新しい分野を研究する必要があったからだ。

ベクレルは、ウラニウムが電流を生みだしていると考えた。これはのちにスコットランドの科学者ケルヴィン卿(ウィリアム・トムソン)が事実であることを確認する。

マリーはこの電流について研究することにした。電流はごくわずかでしかないが、それを計測するのに必要な装置はピエールがつくってくれた。

マリーは同時に、トリウムやウラニウム化合物など、ほかの物質についても研究した。そのひとつがピッチブレンド(瀝青ウラン鉱)で、現在のドイツとチェコの国境あたりで採掘されていた鉱石だ。

アンリ・ベクレル。
服はフランス科学アカデミーの正装。
気むずかしい人ではあったが、
放射線に関するベクレルの発見があったからこそ、
キュリー夫妻はかがやかしい成果をあげることができた。

1898年2月
マリー・キュリー、ピッチブレンドの放射能測定を始める。

1898年3月
ピエール・キュリー、結晶体の研究を中断し、マリーの研究に協力する。

放射能

マリーは1898年7月、実験中の放射線をあらわすのに、なにか新しいことばはないかと考えた。ほかの放射線とはちがっていたが、なぜちがうのかは、まだわからない。マリーはそれを「放射能（radioactivité）」と呼び、以来、この語は現在まで使われている。

実験したところ、ピッチブレンドの標本がもっとも強力な放射線を放つことがわかり、マリーは首をかしげた。というのも、ガラスや陶器製造で使うために、標本中のウラニウムはすでに除去されていたからだ。もしやピッチブレンドには、放射線のもとになる未知の物質がふくまれているのではないか？

キュリー夫妻は、この未知の元素を分光器でつきとめようとした。物質を熱すると、光線を放つ。それが分光器のガラスのプリズムを通過して、異なる色の帯に分かれて見えるのだ。それが謎の元素の発見につながると考えたのだが、明らかな結果を得ることはできなかった。

1898年の3月と4月、マリーは論文を書いてフランス科学アカデミーに提出した。そして7月18日、ついに3度めの論文で、未知の元素を「ポロニウム」と名づける。マリーの祖国ポーランドに敬意を表した命名だった。この年の終わり、マリーはもうひとつの元素も発見し、こんどはラテン語で「光線」という意味の、「ラジウム」と命名した。

> 「わたしは研究のことばかり考えていました。
> 昼間の時間は講義、実験、図書館での勉強にわりふって、
> 夜になると、自室で研究をつづけました。ときには深夜まで。
> 自分の目で見て、学んだことすべてが、
> わたしに新鮮な喜びをもたらしてくれたのです」
> ——マリー・キュリー『自伝記』——

1898年7月
マリー、発見した元素をポーランドにちなんでポロニウムと名づける。

1898年12月
新しい元素、ラジウムが発見される。

42　天才の二人三脚

実験室のマリーとピエール。ふたりはここでポロニウムとラジウムを発見した。1898年撮影。

　マリーとピエールは、ふたつの新しい元素の存在をつきとめた。つぎの仕事は、それを鉱物から分離することだ。ラジウムには非常に強い放射能があり、ポロニウムよりも分離しやすいことがわかったものの、それでもなお、とてもむずかしい試みだった。

　このころにはもう、ピエールが見つけてくれた実験室ではせまくなっていた。そこでピエールの学校の古い小屋を使わせてもらったが、ガラス張りのせいで、冬はこごえるほど寒く、夏は暑くてたまらない。

　また、ラジウムの分離には大量のピッチブレンドが必要だったので、ウラニウムを除去したピッチブレンドをはるばるオーストリアからとりよせた。重さにして10トン以上、森の松葉がついたままだった。

　実験室ではまず、ピッチブレンドを薬品で分解する。そしてもっとも放射能の強い部分があらわれると、またおなじことをくりかえす。そうしていくうち、ラジウムだけが残るはずだと考えられた。マリーはピッチブレンドを大きな釜で溶かし、金属の棒でかきまぜた。

　キュリー夫妻には、ひとつの大きな疑問があった。なぜ、放射能をもつ元素と、そうでない元素があるのか？　ふたりの科学者は悩みつづけた。食べることさえ忘れるほどで、小さなイレーヌは両親よりも祖父といる時間のほうが多かったりもした。

1902年5月
マリー・キュリーの父ヴワディスワフ・スクウォドフスキ、ポーランドで亡くなる。享年70歳。

1902年7月
マリー・キュリー、化合物のかたちでラジウムの分離に成功。

ポロニウムとラジウムの発見　43

さらに、キュリー夫妻には資金も必要だった。マリーはパリ郊外のセーヴルにある一流の女子高等師範学校（エコル・ノルマル・シュペリウール）の物理教授として臨時に働くことにした。一方ピエールには、スイスのジュネーヴ大学から教授にならないかと声がかかったが、ピエールはパリでマリーと研究するため、それをことわる。

そんな日々のなかにあっても、キュリー夫妻は時間を見つけては、ブルターニュやポーランドで休暇を楽しむようにした。

けれど悲しいことに、1902年の5月、マリーの父ヴワディスワフがこの世を去る。

キュリー夫妻の業績はたたえられたものの、フランスの科学者のなかには眉をひそめる者もいた。マリーが女性であり、ピエールはフランスの科学界になじもうとしなかったからだ。1902年、ピエールは科学アカデミーの会員に立候補したものの、結局、会員にはなれなかった。

この年の7月、マリーはついに、少量のラジウムをラジウム塩というかたちで分離することに成功。これは大きな社会的関心を呼んだ。ラジウムには熱を生む効果があり、新しいエネルギー源になりえるからだ。

キュリー夫妻が科学史に名を残すのは、もうまちがいなかった。

光が放ったもの

ラジウムを大量にふくむ物質は暗闇のなかで光る。マリーとピエールはこの発見に大喜びしたが、それが命をうばうものだとは想像もしなかった。ふたりは気づかないうちに、すこしずつ放射能に"被曝"していく。マリーとピエールの仕事場は、全体が放射能に汚染されていた。

放射性の黒い鉱石、ピッチブレンド。酸化ウラニウムという化合物のほか、鉛、セリウム、タリウム、そしてポロニウムとラジウムがふくまれている。

1903年6月
マリー・キュリー、ソルボンヌ大学の博士号をとる。

1903年11月
キュリー夫妻とアンリ・ベクレル、ノーベル物理学賞を受賞。

放射能の謎を解く

下◆アーネスト・ラザフォードは、ラジウムが2種類の放射線を放っていることをつきとめた（1899年）。ラザフォードはそれを、ギリシア語の最初の2文字をとって「アルファ線」、「ベータ線」と名づける。1900年には3つめの放射線も発見され、のちにギリシア語の3番めの文字から「ガンマ線」と命名された。

放射能はまったくの謎だった。これはいったいどこからくるのか？　物理の法則では、放射線のようなエネルギーはなにもないところからは生まれない。一方、マリー・キュリーが研究していた元素は、とくに変化しているようには見えなかった。なのにどうやってエネルギーを生みだしているのだろう？　物理の法則がまちがっている？　あるいは原子がほかのなにか、たとえば別種の見えない光線のようなものに影響されているのか？　ニュージーランド出身の物理学者アーネスト・ラザフォード（1871〜1937）は、謎の答えは原子の構造にあると考えた。当初、キュリー夫妻はラザフォードの説に同意しなかったが、最終的には認めることになる。ラジウムやポロニウムのような元素は、おなじ状態にとどまってはいないのだ。原子核が非常にゆっくりながらこわれていく、つまり"崩壊"していき、その過程で放射線を放つのである。

原子と粒子

上の絵は原子の構造をイメージしたもの。1800年代、科学者たちは物質の最小単位は原子だと信じていた。しかし1897年、イギリスの物理学者J・J・トムソンが、原子のなかにもっと小さな粒子を発見し、それを電子と名づける。1911年にはアーネスト・ラザフォードが、電子は中心にある"原子核"のまわりをまわっていると発表。その後、原子には陽子や中性子といったほかの粒子もあることがわかった。

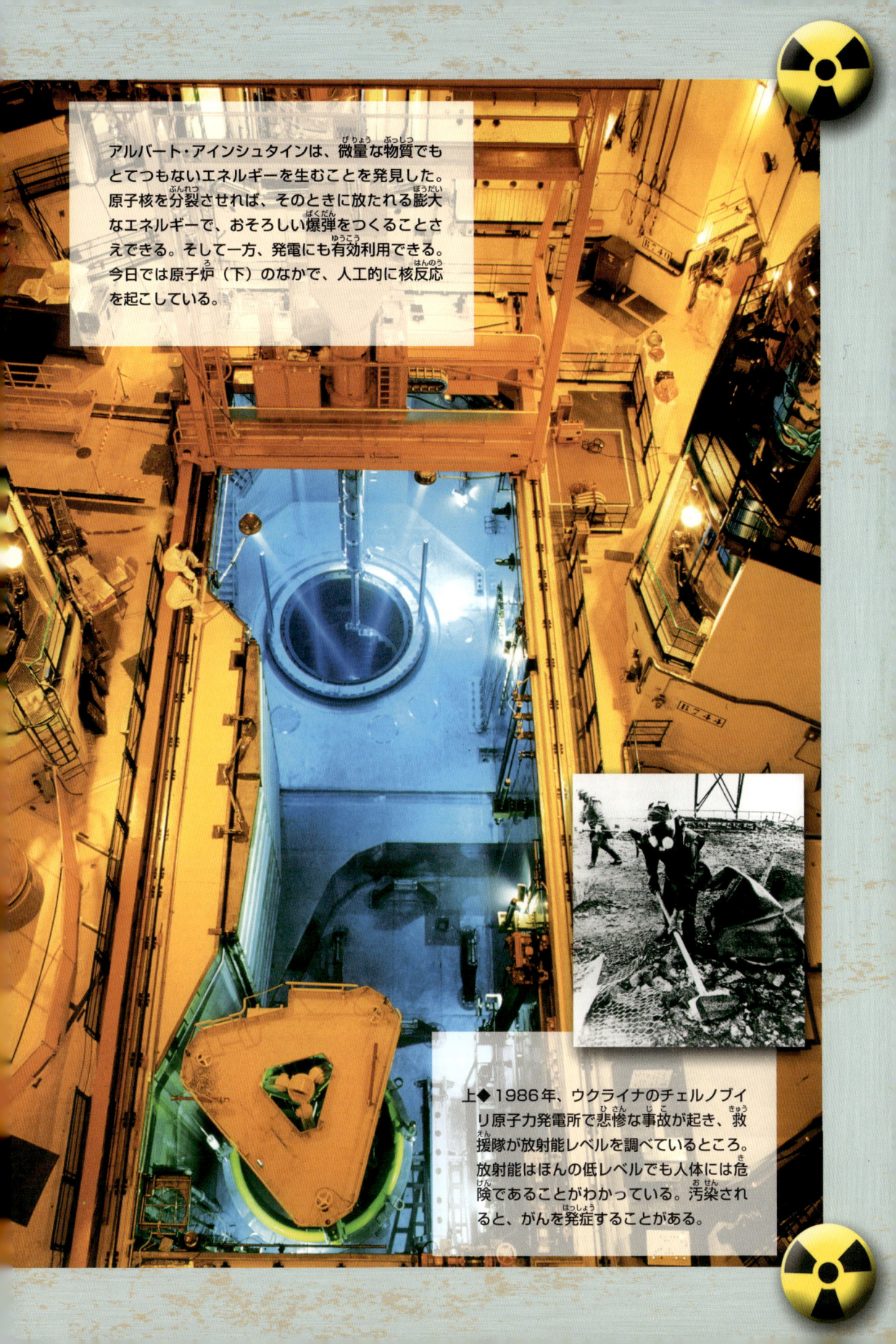

アルバート・アインシュタインは、微量な物質でもとてつもないエネルギーを生むことを発見した。原子核を分裂させれば、そのときに放たれる膨大なエネルギーで、おそろしい爆弾をつくることさえできる。そして一方、発電にも有効利用できる。今日では原子炉（下）のなかで、人工的に核反応を起こしている。

上◆1986年、ウクライナのチェルノブイリ原子力発電所で悲惨な事故が起き、救援隊が放射能レベルを調べているところ。放射能はほんの低レベルでも人体には危険であることがわかっている。汚染されると、がんを発症することがある。

栄光のあとの悲劇

1903年6月、マリーは放射能に関する論文をソルボンヌ大学に提出し、物理学の博士号をとった。こうしてマリー・キュリーは、"フランス初の女性物理学博士"になったのである。

セーヴルで、師範学校の生徒たちと。マリーは後列中央。

マリーの姉ブローニャは夫とともにポーランドに帰っていたが、家族で祝賀会をするためにパリにやってきた。その晩は家族そろってパーティをし、物理学者のポール・ランジュヴァンやアーネスト・ラザフォードも参加した。ラザフォードはキュリー夫妻とおなじ分野の研究にたずさわる物理学者で、この日は意外なゲストとして大歓迎された。

11月、マリーはもっと大きな栄誉をさずかることになる。ノーベル物理学賞だ。これはマリー、ピエール、そしてアンリ・ベクレルの3人に授与された。じつは当時、ノーベル賞をとりまく環境はまだ男性社会で、マリーは受賞対象からはずされるところだった。成果の大半はピエールの研究だと考えられたからだ。ピエールはしかし、マリーこそがたたえられるべきだ、とつねに語っていた。客観的に見れば、ノーベル賞はふたりに等しくふさわしいものである。

キュリー夫妻は、これまでどおり質素な生活をつづけようとしたが、いまやどちらも有名人だ。ふたりは注目されるのが、わずらわしくてたまらなかった。

1903年12月
アメリカのノースカロライナ州キティホークで、ライト兄弟が世界ではじめて、飛行機で空を飛ぶ。

1904年12月6日
マリー・キュリー、次女エーヴ・ドゥニスを出産。

栄光のあとの悲劇　47

ノーベル賞

アルフレッド・ノーベル（1833～96）は、ダイナマイトなどの爆薬を発明したスウェーデンの化学者。自分の死後は、莫大な財産で賞を設立するよう遺言した。それがのちのノーベル賞で、科学や医学の進歩に貢献した人、すばらしい本を書いた人、平和に寄与した人たちに授与される。第1回のノーベル賞は、1901年。

マリーもピエールも、大学でよい職につくことができた。ピエールはソルボンヌ大学の教授となり、マリーは実験主任だ。夫妻は工場を経営するアルム・ド・リールとラジウム塩をつくる契約を結んだりもした。さて、つぎは？　ふたりにはむずかしい決断をくださなくてはいけないことがたくさんあった。

マリーがふたたび妊娠し、体調も万全ではなかったので、ノーベル賞の授賞式には夫妻ともに欠席した。そして1904年12月6日、マリーは次女エーヴ・ドゥニスを出産。あくる年の6月、マリーとピエールはようやくストックホルムにおもむいて、ノーベル賞の記念講演を行なう。

しかし、その1年後の春、とつぜん悲劇がおそった。パリの町を歩いていたピエールは、なにかの考えにふけるあまり、まわりに注意をはらっていなかったのだろう。放射能がすでにからだをむしばみ、気分が悪かったのかもしれない。ポンヌフ橋のそばで道をわたろうとしたピエールは、荷馬車の馬とぶつかり、ひかれてしまう。

ピエール・キュリーはこの世を去った。

1905年、ぽっちゃりしたあかんぼうのエーヴを抱くマリー。となりではイレーヌが真剣なまなざしでカメラを見つめている。

1905年
アルバート・アインシュタイン、相対性理論を発表。

1906年4月18日
ピエール・キュリー、パリで事故にあい、死亡。

最後の闘い

4

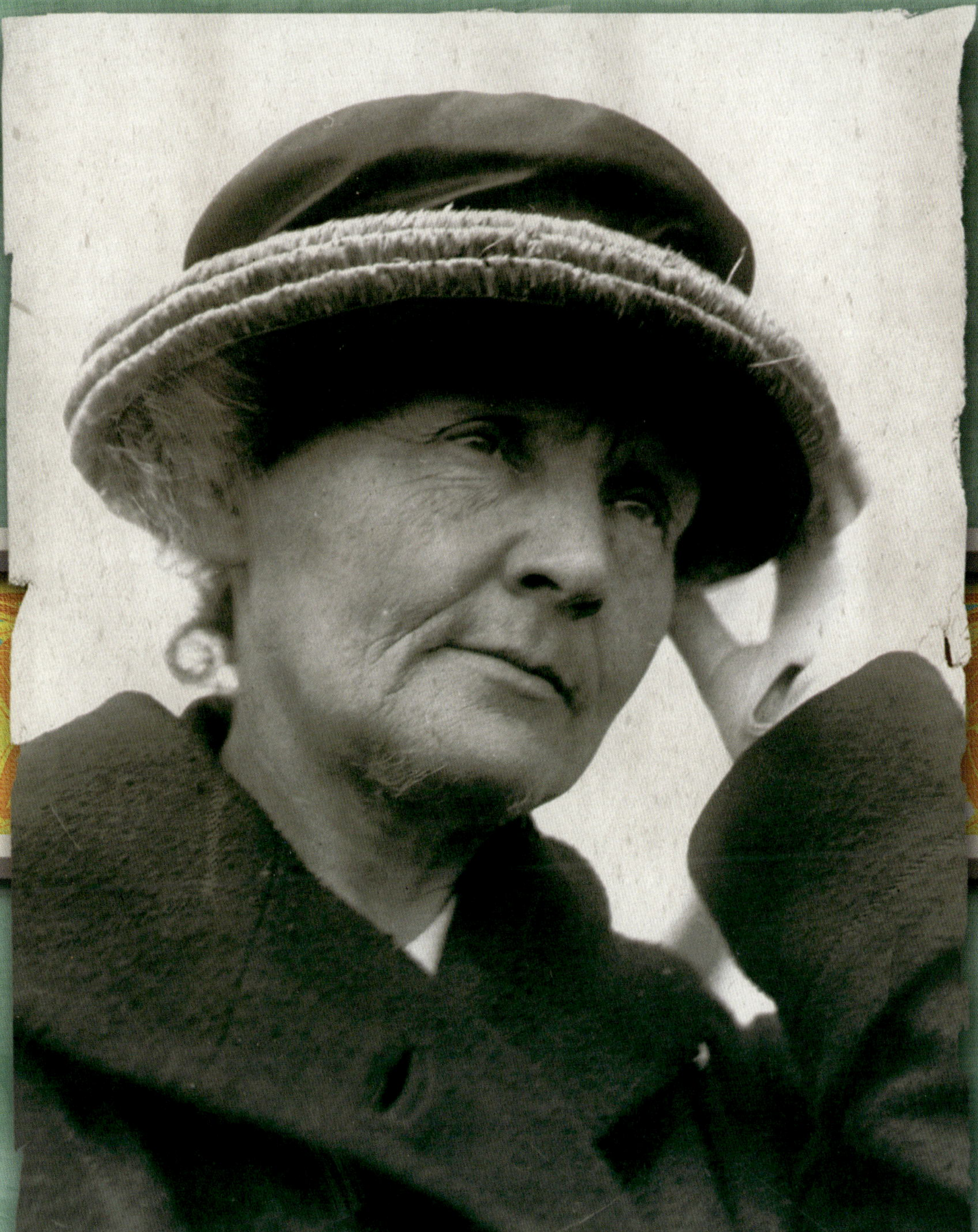

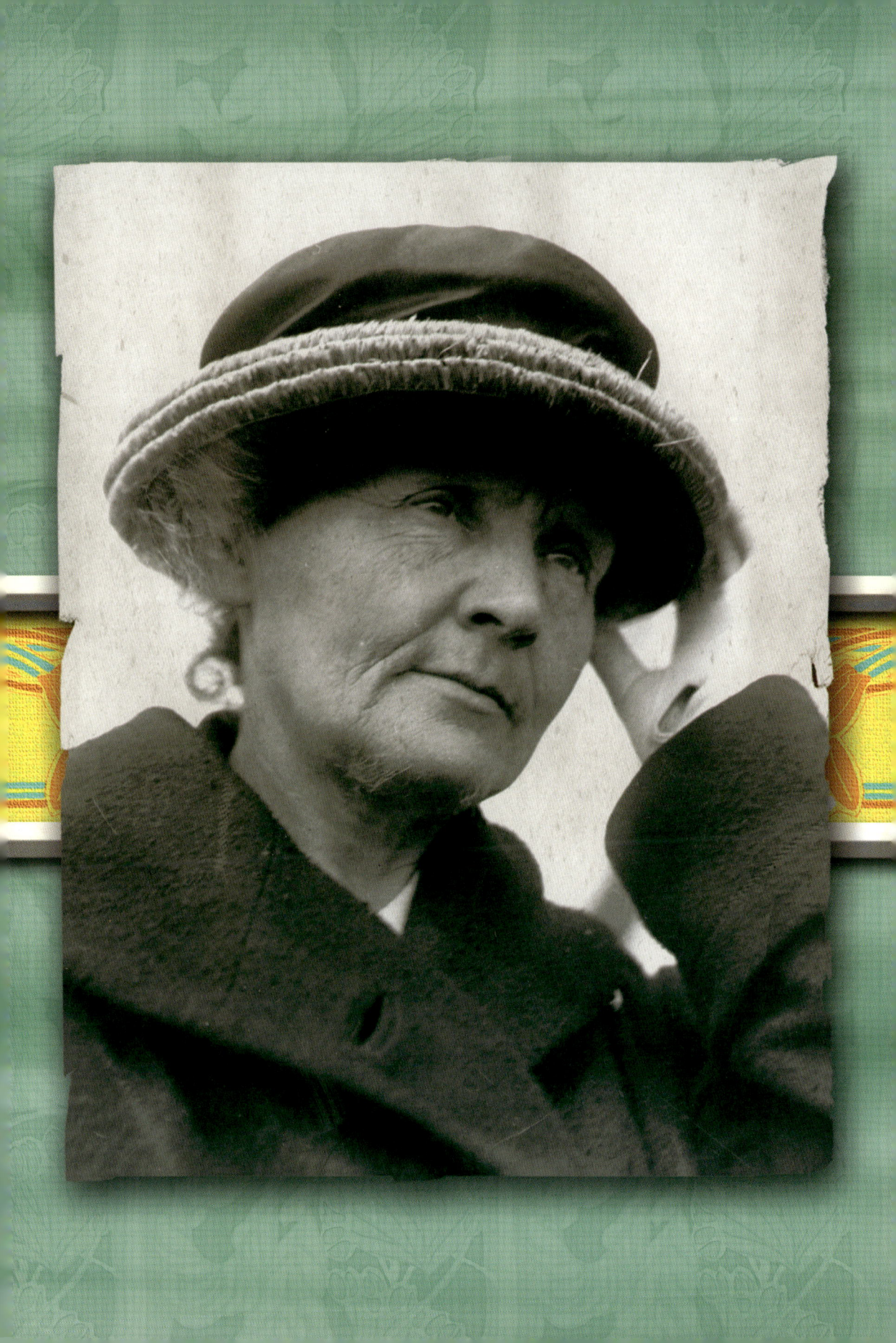

50　最後の闘い

絶望の縁で

　ピエールを亡くしたマリーの悲しみには想像をこえるものがある。マリーは39歳だったが、母と姉を失った少女のころにもどったかのようだった。ひどく沈みこみ、母として娘たちをなぐさめることさえままならなかった。

　マリーは心霊主義に関心をもちさえした。死者の魂と交流できると信じる心霊主義はまったく科学的ではなかったが、マリーはピエールが恋しくて、なんでもよいからすがりたかったのだ。
　とはいえ、マリーはいつものように、研究に打ちこむことで自分を立ちなおらせようとした。ソルボンヌ大学でピエールの後任教授となり、研究室での実験もつづけた。いまやラジウムの研究はほかでも行なわれるようになっていて、マリーはそうした研究を免許制とした。ときに傲慢な態度をとることもあり、学者のなかには、マリーはラジウム研究を管理しすぎると不満をもらす者もいた。
　1910年、マリーはラジウムを金属体で分離することに成功する。
　そのころ、マリーの娘ふたりはソルボンヌ大学の教授の子どもたちといっしょに学んでい

左◆ポール・ランジュヴァン（1872〜1946）はすぐれた科学者で（写真右）、ピエール・キュリー、J・J・トムソンとともに研究した。のちに、ランジュヴァンの孫ミシェルは、マリーの孫娘エレーヌと結婚する。

前ページの写真◆63歳のマリー。1930年撮影。

1910年	1910年
マリー・キュリー、ラジウムを金属ラジウムとして単離させることに成功。	マリー・キュリー、ポール・ランジュヴァンと恋愛する。

1911年、ブリュッセルで開かれたソルベー会議。アルバート・アインシュタイン、アーネスト・ラザフォード、ポール・ランジュヴァンら、名だたる物理学者が世界じゅうから集まった。女性はマリー・キュリーただひとりで、写真では前列にすわり、やはり著名な数学者で物理学者のアンリ・ポアンカレと話している。

た。教授たちが、かわるがわる自宅で教えるやり方だ。イレーヌは数学と理科が得意で、エーヴには音楽の才能があった。

　1910年、マリーは友人のポール・ランジュヴァンと恋をする。しかし、ランジュヴァンは既婚者だった。これはスキャンダルとして報道され、マリーをひどく苦しめる。男性科学者がおなじようなことをしても、批判されたりはしないのだ。暴徒がマリーの家に石を投げつけることさえあった。こうして、恋愛は実を結ぶことなく幕をおろした。

　1911年、マリーは女性だからという理由で、フランス科学アカデミーの会員になれなかった。しかし同年、マリーはなんと2度めのノーベル賞を受賞する。今回は、化学賞だった。マリー・キュリーは、ノーベル賞を2度受賞した初の科学者となったのである。

　ところが、マリーのスキャンダルを知ったノーベル委員会は、スウェーデンの授賞式には来ないでほしいといってきた。マリーはこれに激怒した。私生活と研究とは無関係ではないか。マリーはそう主張して、式典に出席する。

単位はキュリー

1910年、放射能の測定単位がまだなかったころ、ベルギーのブリュッセルで第1回国際放射線学会議が開かれた。そこで放射能の単位を「キュリー（Ci）」にすることが決まる。

1911年10月
第一線の物理学者が、ブリュッセルのソルベー会議で集う。

1911年11月
マリー・キュリー、ふたつめのノーベル賞を受賞。今回は化学賞。

生か死か

　1902年に亡くなるすこしまえ、ヴワディスワフ・スクウォドフスキは娘のマリーに、「ラジウムが実用的なものでないのは残念だ」という手紙を書き送っている。しかし、数年もたたないうちに、ラジウムには奇跡の力があり、関節炎から心の病まで、あらゆる病気をなおせるといいだす人びとがあらわれた。こうした考えはまちがっているうえ、とても危険だった。放射能は人体に有害で、がんをひきおこすこともある。まやかしのラジウム治療を受けて、悲惨な死をむかえた人たちもいた。そしてマリー・キュリー自身、歳をとるにつれ、よく「疲れた」とこぼした。マリーは放射能におかされていたのだ。

　マリーは放射線が、がん治療に役立つのではと期待し、ラジウム治療の研究にとりくんだ。それが現在の放射線療法である。適量を慎重にあつかえば、放射線でがん細胞を破壊することはできる。1930年代以降、ラジウムやX線などの放射性物質が、がん治療に利用されてきた。ラジウムをふくんだ針などを腫瘍に挿入するのである。しかし今日、放射線療法でラジウムはほとんど使われない。もっとも効果がある放射線は、コバルトから発せられるガンマ線である。

上◆ラジウムなら、白髪をもとの自然な色にもどせる、と宣伝する新聞広告

右◆ラジウムでおしゃれを！ラジウム人気はファッションにまでおよんだ。この1922年の写真では、アメリカの映画スター、グロリア・スワンソンが「ラジウム・グレー・シルクの糸」でできたかつらをかぶっている。

左◆ 1920年代から30年代は、ラジウム入りのヘアローションやフェイスクリームは効果があると宣伝された（ただし、実際は正反対である）。わずかな量のラジウムがトニックや歯みがき粉、シャンプーに加えられた。左は、女性に「健康的なかがやき」をもたらすと宣伝する、ラジウム入りのフェイスクリーム。ほかの類似商品同様、これもマリーの許可なく「キュリー」の名を使っている。

右◆ ラジウムが入っているので、髪のカールが長つづきする、という1924年の広告。

左◆ 1955年ごろ、ニューヨークの病院で放射線治療を受けるがん患者。現在でも、がんに苦しむ人たちに放射線療法は役立っている。

54 最後の闘い

戦争、そして永遠の眠り

　1912年から13年にかけて、パリの新しいアパルトマンでマリーの娘たちを世話したのは、ポーランド人の女性家庭教師だった。マリーは体調がすぐれず、恋愛スキャンダルでノイローゼぎみだったからだ。

　マリーはイギリス南部の海岸へ旅に出た。そこでハータ・エアトンという女性の力を借りながら、健康をとりもどしていく。エアトンは科学者であり、女性運動家でもあった。そしてマリーは回復し、パリへもどる。パリでは、ラジウム研究所の建設が始まっていた。

　1914年9月、ドイツ軍がベルギーとフランス北東部へ侵攻し、第一次世界大戦が勃発する。フランスの政府はパリをはなれて南西の町ボルドーへ移り、マリーも列車でボルドーへ向かった。もちろん、大切なラジウム片をしっかりとかかえてだ。これだけは、敵の手にわたしてはならなかった。ラジウムは貴重な研究試料であり、

第一次世界大戦は長引いて、大勢の若者が戦場で命をおとし、負傷した。

1912年
マリー・キュリー、ノイローゼ状態になる。

1914年
パリでラジウム研究所の建設が始まる。

戦争、そして永遠の眠り　55

戦争が始まったころ、マリーは運転を習った。ルノーのトラックを移動式のX線装置に改造し、戦地の病院から病院へと運転してまわったのだ。

マリーはこれが病気の治療に役立つのでは、と考えていた。

マリーと17歳の長女イレーヌは、戦地で戦う兵士のためになにかしたいと思った。そこでトラックにX線装置を積みこみ、トラックのバッテリーで動かせるようにする。

マリーはこの"X線診療トラック"を前線の野戦病院まで運びたいと、軍人や役人をけんめいに説得してまわった。兵士の負傷した部分がX線ではっきりすれば、医者は正確に手術をすることができるだろう。一方イレーヌは、ベルギーとフランスの病院で、ひたむきに奉仕した。次女のエーヴは家庭教師が世話をしてくれた。

1917年、アメリカ合衆国が参戦。マリーは何人もの軍医に、トラックのX線装置の使い方を手ほどきした。第一次世界大戦が終結し、アメリカ軍が帰還したのは1918年だ。

あくる年、ヨーロッパの地図はふたたび書きかえられた。そしてついに、マリーの祖国ポーランドが独立する。マリーと家族は喜びをかみしめた。その後、ポーランドは大きな苦難に直面するが、すくなくともこの時点では独立国家になったのである。

プチ・キュリー

第一次世界大戦で、戦場を走るX線診療トラックは「プチ・キュリー（フランス語で「小さなキュリー」の意味）と呼ばれた。プチ・キュリーは百万枚をこえるX線写真を撮り、数えきれない命を救った。

1914〜18年
第一次世界大戦。マリー・キュリーは負傷兵を治療しようと、X線診療トラックをつくる。

1919年
ポーランド、独立国家となる。

56　最後の闘い

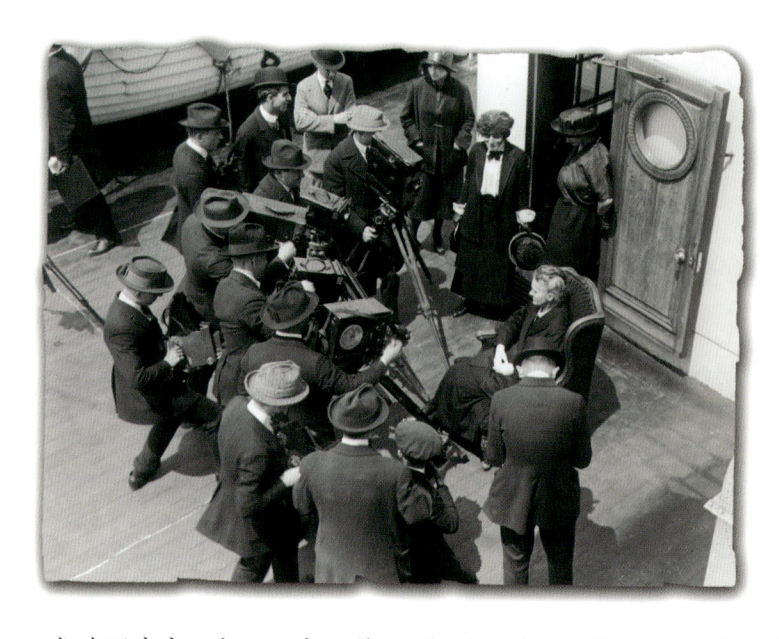

ニューヨーク市でマスコミの取材に応じるマリー。記者はマリーの話しぶりから、とても人見知りで、ひっこみ思案だとわかったという。

戦争後、マリーは世界各地の大学からさまざまな栄誉をあたえられた。ワルシャワ大学はマリーを教授に任命しつつ、実際には教壇に立たなくてもよいといった。そしてマリーは、パリのラジウム研究所の初代所長でもあった。かつてはピエールとふたりで、古い小屋や物置き部屋で研究した。それがいまや近代的な設備で、専門家グループがマリーの研究を継続、発展させてくれるのだ。

1920年、マリーはアメリカ人記者マリー・"ミッシー"・メロニーと出会う。ミッシーは、マリーには研究用のラジウムが大量に必要なのだと知って、翌年、その購入資金を集めるアメリカ・ツアーを企画してくれた。

マリーはイレーヌとエーヴを連れて、フランスのシェルブールから定期船に乗り、ニューヨークへ向かった。ひっこみ思案のマリーは人前に出ることが苦手だったが、

> 「キュリー夫人は有名な物理学者というだけではない。
> 研究所の所長としても、わたしの知るかぎり、
> もっともすぐれた人物だった」
> ——ジャン・バティスト・ペラン教授（1870〜1942）——
> マリーの次女、エーヴ・キュリー著『キュリー夫人伝』より

1921年
マリー・キュリー、アメリカ各地を訪れる。

1925年
ジョン・ロジー・ベアード、はじめてテレビ映像の送信に成功する。

戦争、そして永遠の眠り　57

　それでもこのツアーでは大金が集まった。いくつもの大学を訪ね、ウォレン・ハーディング大統領とも面会した。

　マスコミはラジウムが、がんの"奇跡的な"特効薬になると書きたてた。しかし、マリーがそう断言したことは一度もない。ただ、治療に役立つはずだと信じ、放射線療法の研究はつづけていた。長女のイレーヌは科学の世界でひとりだちし、ラジウム研究所で働いて、同僚のフレデリック・ジョリオと結婚する（1926年）。

　1933年、マリーは重い貧血症をわずらった。長い歳月で大量の放射線を浴び、骨の状態もひどい。仕事は1934年までつづけたものの、生涯をかけた研究生活は幕をおろした。イレーヌが母を看病し、医者からフレンチ・アルプスでの療養をすすめられて、マリーは熱っぽい、衰弱したからだで最後の旅に出る。そして1934年7月4日、マリーはサンセルモスの療養所で息をひきとった。66歳だった。

　2日後、マリー・スクウォドフスカ・キュリーは、愛するピエールと彼の家族が眠るフランスのソーに埋葬された。姉のブローニャ、兄のユージョは、ポーランドからたずさえたひとにぎりの土をマリーの墓にそなえた。

フレンチ・アルプスのふところで
マリー・キュリーは安らかな永遠の眠りについた。

1926年
イレーヌ・キュリー、フレデリック・ジョリオと結婚。

1934年7月4日
マリー・キュリー、フレンチ・アルプスのサンセルモスの療養所で亡くなる。

58 最後の闘い

マリーの夢

マリー・スクウォドフスカ・キュリーは、大きな悲しみや困難に幾度も直面した。それでもマリーは、けっして夢を失わなかった。科学を信じ、進歩を信じる心が、努力をおしまない研究や教育活動、人びとを助ける支援活動へとかりたてたのだ。

　科学者としてのマリー・キュリーは、測定や実験の方法をあみだすことにかけては天才だった。夫ピエールとの放射線の研究は、宇宙の大きな謎のひとつである原子の構造を解明する道をひらいた。放射線そのものは危険だが、がん治療や発電、病気診断で大きな力を発揮することは、すでに証明ずみである。

　マリー・キュリーは、女性にはほとんどチャンスがなかった時代、毅然として自分の道を歩みつづけた。そして科学者になったばかりか、ふたつものノーベル賞を受賞したのだ。マリー・キュリーは歴史上、もっとも有名な科学者のひとりとなった。

　1943年には、マリーの生涯を描いた映画がつくられた。マリーの一生を知れば、

マリーの娘イレーヌと夫のフレデリックは、人工放射能の研究で、ノーベル化学賞を受賞した。

> 「大切なのは、人生の夢を見つけ、それを実現することである」
> ——ピエール・キュリー——

1935年
マリーの長女、イレーヌ・ジョリオ・キュリーと夫のフレデリック、ノーベル化学賞を受賞する。

1937年
記者として活躍していたエーヴ・キュリー、母の伝記を出版する。

マリーの夢　59

若者たち、とりわけ少女は科学の勉強をしてみたくなることだろう。

荘厳なパリのパンテオンは、フランスの偉人たちをまつる記念館となっている。そこに女性が加わったのは、20世紀も終わろうとする1995年のことだった。

この年の4月20日、ピエールとマリーの遺体がソーから運ばれ、パンテオンにふたたび埋葬されたのだ。護衛兵や楽隊をともなった式典では、フランスとポーランドの大統領がすばらしいスピーチをした。

生涯、人前に出ることをいやがった、はずかしがり屋のふたりを思えば、なんとも華やかで壮大な追悼式だった。

マリー・キュリーとピエール・キュリーは、たぐいまれなる非凡な人生を送ったのである。

パリのパンテオンの階段につづく白い絨毯。1995年、マリー・キュリーとピエール・キュリーをたたえる式典がとりおこなわれた。

1958年
マリーの孫娘、エレーヌ・ランジュヴァン・ジョリオ、パリ大学（ソルボンヌ）の原子核研究所に入る。

1995年
マリー・キュリーとピエール・キュリー、パリのパンテオンに埋葬される。

用語解説

アルファ／ベータ／ガンマ線 アルファ線、ベータ線はアーネスト・ラザフォードが発見した放射線で、放射性物質の原子核がそれぞれアルファ崩壊、ベータ崩壊したときに放たれる。ガンマ線は、核崩壊で不要になったもの（電磁波）で、X線よりも波長が短い。

ウラニウム 放射性金属元素のひとつ。

X線 ヴィルヘルム・レントゲンが発見した放射線（電磁波）。からだを貫通するので、「レントゲン写真」に使われる。

核反応 原子核の状態が変化すること。

化合物 ふたつ以上の元素からなる物質。水は、酸素と水素からできた化合物。

ギムナジウム ドイツやポーランドの公立の中・高等学校。

クオーツ（石英） 水晶のかたちで見つけられる鉱物。ほんのわずかの圧力で電気を生む。腕時計などで用いられている。

結核 結核菌が原因で、とくに肺がおかされる伝染性の病気。

原子 物質の最小単位で、さらに小さな粒子から構成される。中性子と陽子からなる核の周囲を電子が回っている。

原子核 原子の中央に位置し、中性子や陽子（粒子）からなる。

元素 原子でのみ構成される基本要素。

鉱石 金属を抽出できる無機物。

磁気／磁性 たとえば磁石のように、物質が引きあう働き、現象。

実証主義 社会は勤勉、科学、教育を通じて進歩すると信じる思想。

社会主義 組織や資源を個人ではなく社会全体で所有することで、平等な社会をつくろうとする考え方。

水素 もっとも軽いとされている元素。通常は気体だが、酸素と結びつくと水になる。

単離 物質を、まじりけのない基本の状態に分離すること。

チフス 細菌によって感染し、高熱や発疹を

ともなう。発疹チフス、腸チフス、パラチフスがある。

独立主義 他国に支配されず、母国が独自の法律のもと、独立国家になるのを望むこと。

特許 発明を、特定の人物またはグループの成果として保護するための認可。特許がとられたものは、発明者の許可なしに流用できない。

波長 たとえば光線は波のような動きで伝わるが、その波の頂点からつぎの頂点までの長さが波長。光線や放射線、電波は波長が異なり、もっとも短いものはガンマ線で、X線、紫外線、赤外線とつづき、最長はラジオ周波。

ピッチブレンド 瀝青ウラン鉱ともいう。ウラニウム、ラジウム、ポロニウムをふくんだ黒い鉱石。

貧血症 血液中の赤血球が減少し、疲れやすくなったり、頭痛、めまいがしたりする。

物理学 物質や自然界のエネルギーをあつかう科学の分野。

プリズム 光を屈折させ、色の帯に分解する透明な物体。おなじ現象として、雨あがりの虹がある。虹は、雨粒をプリズムとして、太陽光が分解されて見える状態。

分光器 物質から発せられる光を検査するのに用いる器具。

崩壊 原子核がこわれ、放射線などを放出する一連の過程。

放射線 元素の原子核がこわれたときに放出される、高エネルギーの電磁波や粒子線。これを放つ物質をとくに放射性物質という。放射線には、アルファ線、ベータ線、ガンマ線、X線などがある。

放射線療法 X線やガンマ線、その他放射性物質を用いて、がんなどの病気を治療する方法。

放射能 放射線を放つ能力のこと。

ポロニウム マリー・キュリーが発見した元素。ピッチブレンドにふくまれていた。

力学 力とその働きをあつかう科学の分野。

粒子 なにかを構成するとても小さい部分。原子より小さい粒子である電子、陽子、中性子は、原子構成要素という。粒子は大きなエネルギーを内包することがある。

ラジウム マリー・キュリーがピッチブレンドから発見した元素のひとつ。強い放射能をもつ。

参考文献

Madame Curie: A Biography, Curie, Ève, published by Doubleday, Doran & Co, 1937 (this edition translated by Vincent Sheean, Da Capo Press, 2001)

Marie Curie: A Life, Quinn, Susan, published by Da Capo Press, 1995

Marie Curie and the Science of Radioactivity, Pasachoff, Naomi, published by Oxford University Press, 1996

Obsessive Genius: The Inner World of Marie Curie, Goldsmith, Barbara, published by Weidenfeld & Nicolson, 2005

オルギェルト・ヴォウチェク『キュリー夫人』小原いせ子訳、恒文社、1993年

エーヴ・キュリー『キュリー夫人伝』河野万里子訳、白水社、2006年

ドーリー『キュリー夫人』桶谷繁雄訳、講談社、1981年

伊東信『キュリー夫人』ポプラ社、2007年

崎川範行『キュリー夫人の生涯』東京図書、1980年

◆引用文の出典

p.17 The memoirs of Helena Sklodowska, quoted in *Marie Curie: A Life*, Susan Quinn

p.41 *Autobiographical Notes*, Marie Curie, Macmillan, New York, 1923

p.56 *Madame Curie: A Biography*, Ève Curie

p.58 Quoted in *Obsessive Genius: The Inner World of Marie Curie*, Barbara Goldsmith

◆関連ウェブサイト

以下はいずれも、マリー・キュリーの生涯と実績を紹介。

www.aip.org/history/curie

www.france.diplomatie.fr/label_france/english/sciences/curie/marie.html

www.nobelprize.org/physics/laureates/1903/marie-curie-bio.html（ノーベル賞のサイト）

索引

◎あ

アインシュタイン、アルバート…30, 31, 45, 47, 51
アルファ線…44
アレクサンドル2世…15, 18
アレクサンドロヴィッチ奨学金…33
ウラニウム…40, 41, 42
エアトン、ハータ…54
映画…38
X線…30, 31, 37, 40, 52, 55
X線トラック…55

◎か

核反応…45
カプシーヌ大通り…38
カルチェラタン地区…29
がん…45, 52, 53, 57, 58
ガンマ線…44, 52
気圧計…10
キュリー（単位）…51
キュリー、イレーヌ…36, 38, 39, 42, 47, 51, 55, 56, 57

キュリー、イレーヌ・ジョリオ…58 ⇨キュリー、イレーヌ
キュリー、ウジェーヌ…37
キュリー、エーヴ（・ドゥニス）…46, 47, 51, 55, 56, 58
キュリー、ジャック…37
キュリー、ソフィ・クレア・ドゥプイイ…37
キュリー、ピエール…36, 37, 40, 42, 43, 46, 47, 50, 57, 58, 59
グラシエール通り…38
結核…12, 13
結晶体…40
ケルヴィン卿…40
ケレルマン大通り…39
原子核…44, 45
原子核研究所…59
原子炉…45
元素…30, 41, 42, 44
ケンパ…14, 23
コヴァウスキ、ユゼフ…36

国際放射線学会議…51
コッホ、ロベルト…12

◎さ

サイクリング…38, 39
ザモイスキ伯爵…18
酸化ウラニウム…43
サンセルモス…28, 57
視学官…10, 12, 17
磁気学…37
ジグムント3世…8
シコルスカ、ヤドヴィガ…16, 17
シチューキ…14, 26, 27
実証主義…15, 24, 29
失読症…37
自転車…38, 39
周期律表…30
シュラフタ…22
女子高等師範学校…43
ジョリオ、フレデリック…57, 58
ジョリオ、エレーヌ・ランジュヴァン…50, 59

索引

水晶振動子…37
ズヴォーラ…22
スカルブミェシュ…14, 22, 23
スクウォドフスキ、ヴワディスワフ…8, 12, 13, 17, 22, 26, 42, 43, 52
スクウォドフスカ、ゾフィア…8, 11 ⇨ゾーシャ
スクウォドフスカ、ブロニスワヴァ(母)…8, 10, 11, 12, 13
スクウォドフスカ、ブロニスワヴァ(娘)…8 ⇨ブローニャ
スクウォドフスカ、ヘレナ…2, 8, 17 ⇨ヘラ
スクウォドフスキ、ユゼフ…8, 11, 24, 57 ⇨ユージョ
スクウォドフスキ、ユゼフ(祖父)…14
スワンソン、グロリア…52
セリウム…43
相対性理論…47
ソー…38, 59
ゾーシャ…8, 9, 12, 13 ⇨スクウォドフスカ、ゾフィア
空飛ぶ大学…25
ゾラフスキ、アンジャ…26
ゾラフスキ、カジミェシュ…27, 37
ゾラフスキ、ブロンカ…26, 27
ソルベー会議…51
ソルボンヌ大学…28, 30, 32, 36, 37, 40, 43, 46, 47, 50, 59

◎た
第一次世界大戦…54, 55
第3ギムナジウム…18, 19
ダイナマイト…47
タトラ山脈…14, 22
タリウム…43
単離…50 ⇨分離
チェルノブイリ…45
チフス…12, 13
中性子…44
ディケンズ、チャールズ…17
ディディンスカ、ヤドヴィガ…32
電子…44
電磁波…40
ド・フルーリー伯爵…23

ドウスキ、カジミェシュ…28, 29, 38
投票権…32
独立主義…15
特許…30
トムソン、J・J…44, 50
トムソン、ウィリアム…40
トリウム…40

◎な
ナポレオン戦争…14
鉛…43
二都物語…17
ノヴォリプキ通り…10, 11
農工業博物館…28
ノーベル、アルフレッド…47
ノーベル化学賞…51, 58
ノーベル賞…47, 58
ノーベル物理学賞…43, 46

◎は
パストゥール、ルイ…23
パンテオン…59
ピサロ、カミーユ…33
ピッチブレンド…40, 41, 42, 43
被曝…43
プシボロフスカ、カージャ…18
プチ・キュリー…55
フック家…27
物理化学校…36
フラテル通り…29
フランス科学アカデミー…40, 41, 43, 51
フランス工業振興協会…36
ブルターニュ…28, 38, 39, 43
フレタ通り…8, 10, 11
ブローニャ…8, 9, 24, 25, 27〜29, 38, 46, 57 ⇨スクウォドフスカ、ブロニスワヴァ(娘)
分光器…41
分離…42, 43, 50 ⇨単離
ベアード、ジョン・ロジー…56
ベータ線…44
ベクレル、アンリ…40, 43, 46
ヘラ…8, 9, 16, 18, 23 ⇨スクウォドフスカ、ヘレナ
ペラン、ジャン・バティスト…56
ベル、アレクサンダー・グラハム…13

ベンツ、カール…24
ポアンカレ、アンリ…51
崩壊…44
放射線…31, 40, 41, 44, 52, 58
放射線療法…52, 53, 57
放射能…40〜46, 51, 52
ボグスカ、ブロニスワヴァ…8 ⇨スクウォドフスカ、ブロニスワヴァ(母)
ボグスキ、ヴワディスワフ…22
ボグスキ、ヘンリク…22
ボグスキ、ユゼフ…28, 30
ポロニウム…40, 41, 42, 43, 44

◎ま
マーニャ…8, 9
メロニー、マリー・"ミッシー"…56
メンデレーエフ、ドミートリ…30

◎や〜ら
ユージョ…8, 9 ⇨スクウォドフスキ、ユゼフ
陽子…44
ライト兄弟…46
ラザフォード、アーネスト…44, 46, 51
ラジウム…40, 41, 42, 43, 44, 47, 50, 52, 53, 54, 56, 57
ラジウム研究所…54, 56, 57
ランジュヴァン、ポール…46, 50, 51
ランジュヴァン、ミシェル…50
リスター、ジョゼフ…9
リップマン、ガブリエル…30, 36
粒子…44
リュ・ダルマーニュ…28
リュミエール、オギュスト…38
リュミエール、ルイ…38
ルーシャおばさん(ルドヴィカ)…12
瀝青ウラン鉱…40
レントゲン、ヴィルヘルム…30, 31, 37, 40
ロシア…8, 9, 13〜19, 22, 27, 30

◎わ
ワルシャワ…8, 9, 10, 14, 17, 18, 23〜28, 38
ワルシャワ公国…14
ワルシャワ大学…19, 56

フィリップ・スティール Philip Steele
文化や民族、自然界などに関する著述家、編集者。ガリレオ、マリー・キュリー、ジェシー・オーウェンス、ローザ・パークスの伝記を執筆。イギリスのノース・ウェールズ在住。
主な著書に『イギリス史百科Encyclopedia of British History』『時を超える町A City Through Time』他。

翻訳◎赤尾秀子（あかおひでこ）
津田塾大学数学科卒。翻訳家。主な訳書に、J.グドール『アフリカの森の日々』『リッキーとアンリ』（以上、BL出版）、J.マクラウド『世界を変えた発明』（ランダムハウス講談社）他。

協力◎ジェフ・ヒューズ Jeff Hughes
マンチェスター大学（イギリス）の上級講師。科学・技術・医学史センターで、科学技術史を教授。専門は放射線と原子物理学の歴史。主な著書に『マンハッタン・プロジェクト——ビッグ・サイエンスと原子爆弾 The Manhattan Project: Big Science and the Atom Bomb』『放射能と原子物理 Radioactivity and Nuclear Physics』他。

謝辞・クレジット

B = bottom, C = centre, T = top, L = left, R = right.

Front cover Corbis/Underwood & Underwood; **1** Getty Images/Hulton Archive; **2** Corbis/Bettmann; **4TL** The Art Archive/Historical Museum Warsaw; **4BL** Getty Images/Hulton Archive; **4TR** Getty Images/Hulton Archive; **4BR** Getty Images/Hulton Archive; **7TL** The Art Archive/Historical Museum Warsaw; **8** Getty Images/Piotr Malecki; **9** Lord Price Images; **10** Getty Images/Robert Harding; **11** ACJC-Curie and Joliot-Curie Fund, Paris; **12** The Bridgeman Art Library/Private Collection; **13** ACJC-Curie and Joliot-Curie Fund, Paris; **14B** The Bridgeman Art Library/Private Collection; **15T** AKG Images/Sotheby's; **15B** Getty Images/Hulton Archive; **16** he Bridgeman Art Library/Private Collection; **18–19** ACJC-Curie and Joliot-Curie Fund, Paris; **21** Getty Images/Hulton; **22** The Art Archive; **23** The Bridgeman Art Library/Private Collection; **24** The Bridgeman Art Library/National Museum of Cracow; **25** Lord Price Images; **26** Lord Price Images; **27** ACJC-Curie and Joliot-Curie Fund, Paris; **29** The Bridgeman Art Library/Christie's Images, London; **30–31** The Bridgeman Art Library/Musée Carnavalet, Paris; **30B** Science Photo Library; **31TL** Getty Images/Hulton Archive; **31BR** Photos12; **32** ACJC-Curie and Joliot-Curie Fund, Paris; **33** Scala Florence; **35** Getty Images/Hulton Archive; **36** Getty Images/Hulton Archive; **37** ACJC-Curie and Joliot-Curie Fund, Paris; **39** Getty Images/Hulton Archive; **40** Photos12/Oronoz; **42** Photos12; **43** Science Photo Library; **44L** The Bridgeman Art Library/Royal Society, London; **44CR** Science Photo Library; **45** Science Photo Library/Arthus Bertrand; **45T** Science Photo Library/Scott Camazine; **45BR** Photos12/Keystone; **46** ACJC-Curie and Joliot-Curie Fund, Paris; **47** Photos12/Interfoto; **49** Getty Images/Hulton Archive; **50** Science Photo Library; **51** Getty Images/Hulton Archive; **52T** The Advertising Archives; **52B** Corbis/Bettmann; **53TL** Science Photo Library; **53CR** Corbis; **53B** Getty Images/Hulton Archive; **54** Getty Images/Hulton Archive; **55** Lord Price Images; **56** Getty Images/Hulton Archive; **57** Getty Images/Robert Harding; **58** ACJC-Curie and Joliot-Curie Fund, Paris; **59** Getty Images/AFP.